Otto-Ernst Schaut

Angepasst

Die Geschichte eines Lebens

Erstes Buch

Bibliografische Information der Deutschen Nationalbibliothek

Die Deutsche Nationalbibliothek verzeichnet diese Publikation

in der Deutschen Nationalbibliografie, detaillierte bibliografische

Daten sind im Internet über http//dnb.dnb.de abrufbar.

©2016 Otto-Ernst Schaut

Herstellung und Verlag

BoD – Books on Demand, Norderstedt

ISBN 9783839131060

Inhalt

Prolog

In Arbeit befinden sich:

In Fortsetzung von >Angepasst< Erstes Buch.

Zweites Buch

Prolog

1 Der Bürger in Uniform

- Soldat mit Familie

- Schlussstrich und Neuanfang

2 Zöllner

Anhang: *Begriffserläuterungen

In Fortsetzung von >Angepasst< Zweites Buch

Drittes Buch

Prolog

1 Die Wendezeit

2 Im Unruhestand

Anhang: *Begriffserläuterungen

>Die Erinnerung ist das einzige Paradies,

woraus wir nicht vertrieben werden können. <

-Jean Paul-

Prolog

Heute ist der letzte Schultag. Ich habe mein Abschlusszeugnis bekommen. Für mich ist es wie erwartet ausgefallen. Ich bin laut Zeugnis guter Durchschnitt. Die Noten entsprechen nicht meinem Leistungsvermögen und spiegeln auch nicht meinen konkreten Bildungsstand wider. Dass das so ist, dafür bin ich ganz allein verantwortlich und stehe auch dazu.

Unser Klassenlehrer verabschiedet uns in ein neues Leben. Ein neuer Lebensabschnitt beginnt jetzt für uns, sagte er. Von Erwartungen, Aufgaben und Verantwortung, die auf uns warten ist die Rede. Mag ja alles richtig sein, ich bin erst einmal froh, die ungeliebte Schule verlassen zu dürfen. Eigentlich ist es ein Tag wie jeder andere vor den großen Ferien in all den Jahren. Aber neugierig bin ich schon auf das neue Leben als nicht mehr Schulkind.

Ab Herbst werde ich das Maurerhandwerk erlernen. Bis dahin sind es noch circa zehn Wochen. Jetzt wird es erst einmal wie alle Jahre in den Sommerferien sein, ich werde die meiste Zeit in der Landwirtschaft meines

Großvaters helfen. Und doch ist etwas anders, ich werde nach dieser Zeit nicht wieder täglich zur Schule gehen müssen. Ein neues mir noch unbekanntes Leben als Lehrling erwartet mich. Soll ich mich nun darüber freuen? Ich weiß es nicht. Und so genau weiß ich ja auch nicht was mich erwartet. Was bedeutet es, ein neue Lebensabschnitt steht dir bevor?

- Wie wird er werden, dieser neue Lebensabschnitt?

- Wenn es einen neuen Lebensabschnitt gibt, dann gibt es auch einen alten Lebensabschnitt.

- Wie war dieses alte Leben? Ob es sich lohnt mal darüber nachzudenken?

Ich will es tun. Ich wage einen Blick zurück in die Vergangenheit. Doch, hierzu merke ich noch an, nicht alle Erinnerungen beruhen auf bewusst erlebte Ereignisse. Einiges habe ich von meiner Mutter und in Gesprächen mit meinen Geschwistern erfahren.

***

Ein Blick zurück in die Kindheit

Das Jahr 1937

Chronisten ist es zu verdanken, dass ich heute weiß, was in der Welt geschah, als ich noch nicht lebte oder noch zu jung war, die Ereignisse bewusst zu erfassen. Deshalb lasse ich einen Chronisten zu Worte kommen, und einen Blick auf den Monat Juni des Jahres 1937 werfen, in dem ich das Licht der Welt erblickte.

>>> Der Juni 1937 war ein warmer und trockener Monat. Die durchschnittliche Temperatur betrug 18,1° Grad und die Niederschlagsmenge nur 46 mm. Die westeuropäische Öffentlichkeit reagierte mit Bestürzung auf die unerwarteten Maßnahmen von KPdSU-Chef Josef W. Stalin gegen hochrangige Angehörige des sowjetischen Militärs. In einer blutigen Säuberungsaktion ging Stalin gegen führende Armeeangehörige und Kritiker vor. Auf die Entwicklung in Deutschland reagierte die westliche Öffentlichkeit weniger kritisch. Deutschland betrieb unverhohlen seine Kriegsvorbereitungen. Die Kritiker des Kriegskurses wurden ausgeschaltet. Das Propagieren

einer primitiven Rassentheorie, wonach der Arier der Idealtyp sei, war die Grundlage für die Verfolgung, Vertreibung und Ermordung von politischen Gegnern, Juden, Sinti, Roma und andere, aus Sicht der Nationalsozialisten, nicht lebenswerten Menschen. In Deutschland betrug der Stundenlohn eines Arbeitnehmers im Durchschnitt 0,78 Reichsmark*. Die Preise für die Grundnahrungsmittel waren wie folgt: 1 kg Butter kostete 2,96, 1 kg Mehl 0,47, 1 kg Fleisch 1,60, 1 Liter Vollmilch 1,23, 1 Ei 0,10, 10 kg Kartoffeln 0,90, und 1 kg Kaffee 5,33 Reichsmark. <<<

So oder ähnlich ist es in Geschichtsbüchern oder Chroniken nachzulesen. Die folgende Geschichte nicht. Deshalb habe ich sie aufgeschrieben.

Alles im Leben hat ja seine Vorgeschichte. Was meiner Geburt voraus ging erzählte mir meine Mutter. Sie und mein Vater kannten sich von Kindheit an. Während der gemeinsamen Schuljahre wurden aus Freundschaft Jugendliebe und im Laufe der Zeit tiefe Zuneigung. Es vergingen immerhin noch neun Jahre bis zu ihrer Heirat. Das war dann auch der Maßstab, den Mutter später anlegte, wenn es um die Beziehungen ihrer Kinder zum anderen Geschlecht ging.

Seine Eltern kann sich bekanntlich keiner aussuchen. Das war schon immer so. Meine Eltern kamen aus einfachen Verhältnissen - wie es landläufig hieß. Von ihren Elternhäusern war deshalb eine materielle oder gar finanzielle Unterstützung bei der Familien- und Haushaltsgründung nicht zu erwarten. Ihre Aussteuer mussten sie sich selbst erarbeiten. Ich wurde folglich nicht mit einem >goldenen Löffel im Mund<* geboren. Darüber war und bin ich nicht traurig. Denn, was viel wichtiger war, meine Eltern waren verantwortungsbewusste und kluge Menschen, die sich stets um das Wohl und Wehe ihrer Kinder sorgten. Vater arbeitete als Maurer auf dem Bau. Mutter war bis zu meiner Geburt auch berufstätig. Unter anderem arbeitete sie als Haushaltshilfe im Forsthaus beim Oberforstmeister. Sie war in >Stellung<. So nannte man es zu dieser Zeit, wenn junge Mädchen im Haushalt besser gestellter Familien arbeiteten und dabei fürs Leben lernten. Für ein Mädchen, das nicht aus begüterten oder privilegierten Verhältnissen kam, war es schon ein Glück, so eine Stelle zu bekommen.

Das mit dem Lernen fürs Leben war wohl auch tatsächlich so. Oft fügte Mutter ihren haushaltstechnischen Erläuterungen ein: so habe ich es bei Frau Oberforstmeister gelernt, an. Die Jahre im Haushalt des Oberforstmeisters zählten wohl zu den glücklicheren in ihrem Leben. Trotzdem beendete sie diese Tätigkeit früher als geplant und nahm eine Anstellung im ortsansässigen Wellpappenwerk an. Sie fühlte sich in ihrem Selbstgefühl verletzt, weil Frau Oberforstmeister partout die Hochzeit der jungen Leute ausrichten wollte. Fleißig hatte das Paar für die Aussteuer gearbeitet. Jeder Pfennig, der sich erübrigen ließ, kam auf die hohe Kante - wurde gespart. Und die beiden waren sehr fleißig. Unter anderem ging Mutter heimlich, denn Vater war dagegen, Spargelstechen und anderen Nebenbeschäftigungen nach. Da kam noch so manche Sparmark hinzu. Ein komplett eingerichteter und gut ausgestatteter Haushalt war das Ergebnis ihrer Bemühungen. Zu Recht waren beide darauf sehr stolz.

Denn, so selbstverständlich war dies zu damaliger Zeit nicht.

Als das Nest gebaut war, wurde schnell geheiratet. Nachwuchs hatte sich angekündigt. Das Kind sollte nicht in Schande geboren werden. Ja, so war das damals. Unehelich geboren war so viel wie asozial. Heute schert sich kaum noch jemand darum, wenn ein Kind vor der Hochzeit geboren wird. Manche Eltern heiraten erst viel später oder nie. Sie lassen sich von praktischen Dingen leiten und nicht von der öffentlichen Meinung. Aber, in manchen Dingen dachte man auch schon damals praktisch. Und so wurde im November 1936 eine Doppelhochzeit gefeiert. Mutters Schwester Käthe und ihr Schatz gaben den anderen Part. Das war zwar praktisch, aber führte leider zu einem folgenschweren Zeitverzug. Wegen Mutters Schwangerschaft sollte eigentlich viel früher geheiratet werden. Der Zeitverzug rächte sich dann auch. Und es kam, wie es kommen musste. Dem Pfarrer war es nicht verborgen geblieben, dass die Braut schon neues Leben unter dem Herzen trug. Für ihn lag hier ein Sündenfall vor. Ein Sündenfall, der durch ihn, den

Stellvertreter Gottes auf Erden, geahndet werden musste. Die Strafe war für diesen Fall exemplarisch festgelegt. Die sündige Braut durfte nicht, wie traditionell üblich, im weißen Brautkleid und mit geschlossenem Brautkranz vor den Altar treten. Also wurde im schwarzen Brautkleid und mit offenem Brautkranz geheiratet. Für den Bräutigam war seltsamerweise keine derartige Sanktion vorgesehen. Er durfte sich bei der kirchlichen Trauung in der üblichen Kleidung schämen.

Mit einem Augenzwinkern möchte ich hier anmerken: Vielleicht liegt ja in meiner von Gott nicht abgesegneten Zeugung auch der Grund dafür, dass ich mit der Kirche und allem Religiösem schon frühzeitig meine Probleme hatte.

Dann war es so weit. Ich wurde als Sohn eines Maurers und einer Hausfrau geboren. Mein Geburtshaus steht in einem Ort mit über tausend Einwohnern, an der Bahnstrecke Berlin – Jüterbog und der Fernverkehrsstraße von Berlin nach Dresden. Die Eltern bewohnten im Dachgeschoss des Hauses,

Feldstrasse 6 in Woltersdorf eine kleine Einliegerwohnung.

Die Geburt eines Kindes erfolgte damals in der Regel zu Hause. Die Hebamme wurde gerufen, wenn die Geburtswehen einsetzten. Sie stand der werdenden Mutter zur Seite und versorgte das Neugeborene. Auch ich kam auf diese natürliche und traditionelle Art und Weise, der sogenannten Hausgeburt, auf die Welt. Sie nannten mich Otto, Franz, Ernst. Otto, nach Vaters jüngerem Bruder. Ihn hatte während der Arbeit im Gewitterregen ein Blitz erschlagen. Was mich, als ich es später erfuhr, etwas skeptisch in die Zukunft blicken ließ. Franz, der Großvater mütterlicherseits und Ernst, ein Onkel väterlicherseits, waren meine Taufpaten. Sie, die Paten, sollten meinen Eltern bei meiner christlichen Erziehung zur Seite stehen. Was, wie ich bereits angemerkt habe, gründlich danebenging.

Der Tag meiner Geburt war ein Montag. Ein Sonntagskind bin ich also nicht. Es soll gegen vier Uhr in der Frühe gewesen sein, als ich das Licht der Welt oder es mich erblickte. Ob dieser Umstand Einfluss auf meinen späteren Tagesrhythmus gehabt hat? Ich weiß es nicht. Jedenfalls bin ich noch heute ein Frühaufsteher. Eine Lerche – wie ein Frühaufsteher landläufig bezeichnet wird. Den Lerchen sagt man ja nach, sie seien wahre Glücksbringer. Denn, wer sie in der Frühe singen hört, dessen Tagwerk ist bald vollbracht. Sagt der Volksmund. Meinen Eltern hat meine Geburt bestimmt Glück bedeutet. In meinem späteren Leben bin ich dem Anspruch als Glücksbringer wohl nur unvollkommen gerecht geworden.

***

Die Familie wächst

Nach dem im Herbst 1938 mein Bruder Richard geboren wurde, widmete sich Mutter ganz der Pflege und Erziehung ihrer Söhne. Vater ging weiter auf den Bau, um die finanzielle Grundlage für den Unterhalt der Familie zu sichern. Er musste aber bald erfahren, dass dies auf dem Bau damals nicht so einfach war. Das Baugewerbe war ein Saisongeschäft. Im Winter war kaum Arbeit vorhanden. Da in dieser Jahreszeit aus technologischen Gründen der Baubetrieb ruhte, reagierte der Bauunternehmer auf seine Weise. Zum Winterbeginn wurden die nicht benötigten Arbeiter entlassen und ihm Frühjahr, entsprechend des Bedarfes, wieder eingestellt. Das war zu dieser Zeit üblich und rechtens. Vater traf es besonders hart. Er hatte sich, wohl in seinem jugendlichen Übermut und auf Grund eines bei ihm stark ausgeprägten Gefühls für Gerechtigkeit, bei der Gewerkschaft wegen nicht gezahlter weniger Pfennige Lohn beschwert. Fortan war er einer der ersten Maurer, die im Herbst entlassen und einer der letzten die im Frühjahr wieder eingestellt wurden. Das passte nun so gar nicht in die Pläne des jungen Paares. Guter Rat war teuer. Doch wie so oft im Leben, wenn die Not am größten ist, findet sich eine Lösung des Problems. Deutschland steckte tief in den Kriegsvorbereitungen und so bot sich eine Arbeit auf dem Schießplatz der Wehrmacht. Sie war zwar auch vom Wetter abhängig, doch anders als auf dem Bau hatte sie hier immer Saison. Wetter ist ja immer. Und so begann Vater eine Tätigkeit beim Wetterdienst auf dem Schießplatz-Kummersdorf. Das hatte noch einen angenehmen Nebeneffekt. Er reiste durch halb Europa und lernte so die Nordsee mit ihren Ost- und Nordfriesischen Inseln, die Ostseeküste, die Alpen, die Schweiz und viele andere Orte kennen. Im Freundeskreis fand er dankbare Zuhörer für seine, mit großer Begeisterung vorgetragenen, Erlebnisberichte. Und es war beschlossene Sache, er würde die schönsten Orte einmal mit der Familie bereisen. Einiges von seinen Reiseandenken treibt sich noch heute in der Verwandtschaft herum. In einer mit Muscheln besetzten Schatulle bewahre ich meine Krawattennadeln, Manschettenknöpfe und anderen Kleinkram auf.

Aber es kam anders als gedacht. Aus den Reisen mit der Familie wurde dann doch nichts. Die Reiseziele für deutsche Männer hatten sich von Staats wegen geändert. Aber im Frühjahr 1939 war die Welt für unsere kleine Familie noch in bester Ordnung. Im Zusammenhang mit Vaters Arbeit auf dem Schießplatz bekamen wir eine Wohnung an seinem Arbeitsort. Gut so, denn die bisherige Wohnung war nun für die Familie mit zwei heranwachsenden Kindern viel zu klein. Wir bezogen die Hälfte eines Zweifamilienhauses, in einer neu erbauten Arbeitersiedlung am Rande des militärischen Versuchsgeländes >Schießplatz-Kummersdorf<*. Inmitten der märkischen Heide auf märkischem Sand standen die Häuser. Solide gebaut, mit Keller, zwei Zimmern und großer Wohnküche im Erdgeschoss, sowie zwei Zimmern im Dachgeschoss. Das war genügend Wohnraum, wenn auch bescheiden in der Ausstattung. Immerhin gab es fließend Kaltwasser und eine Waschküche mit Waschkessel und eingebauter Toilette in Form eines Torfklossetts - umgangssprachlich auch >Plumpsklo<* genannt. Ein kleiner Anbau als Abstellraum vervollständigte das Ganze. Hinter dem Haus befand sich ein Garten für den Gemüseanbau und die Kleintierhaltung. Vor dem Haus war Platz für einen Vorgarten. Das Ganze war mit einem Holzzaun umgeben, damit kein ungebetener Gast den Frieden stört. Direkt am Waldrand gelegen, waren wir eins mit der Natur. Nette Nachbarn hatten wir auch, wie sich bald zeigte. Zu den linken Nachbarn, *Familie Tininus*, entwickelte sich eine herzliche Freundschaft, dessen Wert sich in den noch bevorstehenden schweren Zeiten ein um das andere Mal beweisen sollte.

Nachdem die Reste des früheren Waldes entfernt waren, wurde mit dem Anlegen eines Hausgartens begonnen. Hier hatte ich meine erste Begegnung mit einer Schlange. Es soll eine Kreuzotter gewesen sein. Von Vater und Nachbar Tinius als giftig und damit gefährlich eingestuft, wurde sie vorsorglich mit einem Spaten erschlagen. Frösche, Eidechsen und Blindschleichen gab es auch. Sie wurden als für Menschen ungefährlich eingestuft und durften als Nützlinge im Garten bleiben. Auf dem kargen Sand gediehen im ersten Jahr nur mäßig Gemüse und Blumen. Doch der durch die Kaninchen- und Hühnerhaltung anfallende Dung führte mit der Zeit zur Bodenverbesserung und somit zu besserem Wachstum bei den Pflanzen. Auch der Vorgarten wurde, wie wir fanden, zu einem der schönsten in der Siedlung. Die Kleintierhaltung spielte eine nicht zu unterschätzende Rolle bei der Lösung der Ernährungsfrage. Sie sicherte uns so manchen Sonntagsbraten. Auch von den Regierenden war sie als sinnvoller Beitrag zur Sicherung der Volksernährung erkannt worden. Wir lagen also voll im Trend, würde man heute sagen. Der sichtbare Erfolg führte dann fast zum Übermut. Es wurde der Versuch unternommen, ein Schaf zu halten. Zum Glück verlief dieses Experiment aber nicht zufriedenstellend. Wer weiß, wo das Ganze sonst noch hingeführt hätte. Da es für das in größeren Mengen anfallende Kaninchenfleisch, noch keine Möglichkeit zum Einfrieren gab, wurde Wurst gemacht und eingeweckt.

Oft gab es sonntags Kaninchenbraten. Durchaus ein Luxus, den sich nicht viele Familien in unserer

Nachbarschaft leisten konnten. Mutter nutzte die Gelegenheit, ihren Söhnen so genannte gute Manieren beizubringen. Das hieß für uns, mit Messer und Gabel essen, gerade sitzen, Serviette anlegen und die Ellenbogen am Körper halten. Uns Knirpsen viel das nicht leicht. Bruder Richard würzte sein Essen oft mit Tränen nach. Da uns das mit den Ellenbogen schwergefallen ist, wurden uns Zeitungen unter die Arme geklemmt. Die Zeitungen fielen zu seinem Kummer aber immer wieder herunter. Irgendwann hat er es dann aber doch noch geschafft. Die Grundlagen für ein rundum glückliches Familienleben, so schien es, waren gegeben. Die Eltern fanden, dass es ihnen gut ging, und waren sich einig, ein Mädchen wäre schön für die Familie. Eigentlich sollte Bruder Siegfried schon ein Mädchen werden. Dass er diese Erwartung nicht erfüllte, wurde nicht als Unglück angesehen. Sie waren trotzdem glücklich und bald war ein weiteres Kind unterwegs. Vielleicht wird es ja diesmal ein Mädchen. Wenn nicht auch nicht tragisch. Die kleine Familie hätte glücklich in die Zukunft blicken können. Doch seit 1939 führte Deutschland Krieg gegen seine Nachbarn. Noch, bevor der neue Erdenbürger, es war tatsächlich ein Mädchen im Frühjahr 1942 das Licht der Welt erblickte, musste Vater >für Führer, Volk und Vaterland< in den Krieg. Wie schon erwähnt, die Reiseziele für deutsche Männer hatten sich geändert.

Mutter hatte uns Jungen erzählt, dass wir bald ein Geschwisterchen bekommen würden. Noch sei es in ihrem Bauch. Das war für mich eine aufregende Sache. Auch zeigt es deutlich, wie modern unsere Mutter bereits damals dachte, denn eigentlich war die Schwangerschaft für Kinder noch ein Tabu. Ich jedenfalls war sehr gespannt, wie es weiter gehen würde.
Als es dann so weit war, kam es doch sehr überraschend für mich. Schon wie wir beiden Jungs, sollte auch der neue Erdenbürger per Hausgeburt geboren werden. Da wir dabei ohnehin nicht helfen konnten, nahm uns unsere Nachbarin, Frau Linus, in Obhut. Sie erzählte uns vom Storch, der das Baby gebracht und unserer Mutter ins Bein gebissen habe. Ich verstand die Zusammenhänge nicht. Was sollte denn auf einmal der Storch bei der Geburt? Mutter

hatte uns doch etwas ganz anderes erzählt. So sorgten Mutters zaghafter Aufklärungsversuch und die Erklärung der Nachbarin für Verwirrung bei mir. Unbedingt wollte ich dann auch den Storchenbiss sehen. Zum Glück kam >*Große Oma*<, die Mutter unseres Vaters, zur Betreuung von Mutter und Kind. Das setzte der Fragerei vorerst ein Ende. Zur Erklärung sei noch angefügt, neben der Großen Oma gab es noch die >Kleine Oma< mütterlicherseits. Kleine Oma spielte in meinem weiteren Leben die größere Rolle, wie noch zu lesen sein wird.

Im Zusammenhang mit der Geburt gab es noch andere Aufreger. Als wir beim Windelwechsel zusehen durften, war ich über den Windelinhalt ganz schön erstaunt. Sah der nicht aus wie Mostrich? Nur, er roch ganz anders. Ein schlimmer Verdacht beschlich mich trotzdem. Einen Namen für den Nachwuchs, wenn es denn ein Mädchen werden sollte, hatten die Eltern schon ausgesucht. Man hatte sich auf Käthe geeinigt. Im Juli 1942 bekam Vater den lange ersehnten Urlaub und konnte seine Tochter in den Arm nehmen. Die Familie war für kurze Zeit wieder vereint.

Die Erinnerungen an meinen Vater sind zwar nur bruchstückhaft, aber sehr bildhaft. Mutter wunderte sich ein um das andere Mal darüber, wie weit meine Erinnerungen reichten. Gut erinnere ich mich an Fahrten, die Vater auf seinem Fahrrad mit mir unternahm. Da war ich wohl so zwei bis drei Jahre alt, sagte Mutter. Ich saß immer auf einem Kindersitz in Fahrtrichtung vor meinem Vater. Wir waren zu unserem Geburtsort geradelt, um die Großeltern und Freunde der Eltern zu besuchen. Auf der Rückfahrt machte Vater in Luckenwalde einen Halt. Wir besuchten >Bouletten-Schulze<, eine Gaststätte am Markt und aßen eine Spezialität des Hauses, Pferdebouletten. Nach dem Verlassen der Gaststätte machte Vater einen derben Scherz. Er deutete auf den auf der Straße liegenden Pferdemist, im Volksmund auch Pferdeäpfel genannt, und erklärte mir, dass daraus die Bouletten hergestellt werden. Das beschäftigte mich erst einmal stark. Ich bin dann aber trotzdem noch ein richtiger Liebhaber von Pferdefleisch geworden. Einmal zeigte mir Vater, wie ich meine Nase auch ohne Taschentuch reinigen kann. Er nannte es >Charlottenburger<. Ein

Nasenloch wurde zugedrückt und das andere leer geprustet. Dabei musste man darauf achten, dass nichts auf die Kleidung ging. Außerdem war diese Methode nur im Garten oder im Wald zugelassen. Wir haben dann noch ein wenig geübt. Doch Vater war wohl nicht sehr überzeugt von meinen Fertigkeiten, denn er meinte, ich solle erst noch etwas größer werden.

Auf einer anderen Fahrt überraschte uns einmal die Dunkelheit. Es war notwendig, die Fahrradbeleuchtung anzuzünden. Ja, sie musste tatsächlich mit einem Zündholz angezündet werden. Die elektrische Beleuchtung für Fahrräder war noch nicht erfunden. Zu dieser Zeit wurden die Fahrräder mit so genannten >Karbidlampen<* ausgestattet. Diese funktionierten ähnlich einem Acetylen-Schweißgerät.
Die Tage mit Vater waren immer aufregend. Irgendwas passierte immer oder er machte mich mit etwas Neuem bekannt. Unter anderem liebte Vater das Musizieren. In der Feuerwehrkapelle spielte er Querflöte und Tuba. Für die Hausmusik hatte er seine Harmonika. Später kam noch ein Akkordeon hinzu. Es machte ihm großen

Spaß, uns Kindern vorzuspielen und dazu zu singen. Wir waren ihm dankbare Zuhörer. Mutter erzählte, es habe ihm besonderen Spaß gemacht, mir das Lied, >Fuchs du hast die Gans gestohlen< vorzusingen. Er soll mich so mit seinem Vortrag gefesselt haben, dass während seines Gesangs meine Augen immer größer wurden. Auch konnte ich nicht genug davon bekommen. Was ihn aufs Neue amüsierte.

Etwas Besonderes war Weihnachten mit Vater. Ich erinnere mich noch recht gut an einige Ereignisse. Am Heiligabend wurden wir Kinder schon nachmittags gebadet und ins Bett gesteckt. Wenn wir dann am Abend erwachten, verabschiedete sich Vater. Er nahm die Milchkanne und wollte angeblich zum Milchladen. Kurze Zeit nach seinem Weggehen klopfte es dann an der Haustür und der Weihnachtsmann begehrte Einlass. Er forderte mich auf, ihm beim Hereintragen der vielen Geschenke zu helfen. Bruder Richard bekam, ich weiß nicht mehr warum, erst einmal etwas mit der Rute.
Im letzten Jahr hatte ich im Weihnachtsmann gleich unseren verkleideten Vater erkannt. Lange konnte ich

diese Enddeckung nicht für mich behalten. Über die Geschenke haben wir uns immer mächtig gefreut. Neben neuen Sachen waren auch einige Dinge dabei, die über das Jahr entzweigegangen waren und nun repariert und mit neuem Anstrich wieder auftauchten. Neu waren die Geschenke selten. Ob selbst gebaut oder gebraucht, uns hat es nicht gestört. Beschenkt wurden ausschließlich wir Kinder. Als wir dann schon älter waren, entwickelte sich bei uns Kindern ein gewaltiger Drang danach, schon vor der Weihnachtsbescherung in Erfahrung zu bringen, was wohl in diesem Jahr unter dem Weihnachtsbaum an Geschenken zu erwarten war. Wenn wir in der Vorweihnachtszeit mal allein zu Hause waren, durchsuchten wir die ganze Wohnung nach den versteckten Weihnachtsüberraschungen. Der unbändige Trieb, das Geheimnis zu lüften, war gewaltig. Hatten wir die Weihnachtsgeschenke gefunden, war die Spannung weg und Vorfreude auf das Weihnachtsfest wollte leider auch nicht mehr so richtig aufkommen. Mutter hat es in der Regel ohnehin gemerkt, dass wir an den Geschenken waren. Sie sagte uns, dass es am Weihnachtsabend nun keine Geschenke geben wird. Aber das brachte sie dann doch nicht übers Herz. Die Folge war, dass wir uns ganz mies fühlten. Grund dafür hatten wir durchaus. In der Vorweihnachtszeit gab es noch andere aufregende Ereignisse. Zum Beispiel die Weihnachtsbäckerei. Da durften wir helfen, den Mohn für den obligatorischen Mohnstollen zu reiben. Was ganz schön anstrengend war. Auch Lebkuchen wurde gebacken. Wenn der Lebkuchenteig fertig und ausgerollt war, durfte jedes Kind Figuren formen, die dann mit gebacken wurden. Ein besonderer Höhepunkt für uns war der Bau eines Lebkuchenhauses.

Unser Vater hat sich sehr viel mit uns beschäftigt. Gern machte er Kunststückchen mit uns. Er stellte uns auf seinen Handteller und forderte, wir sollten den Körper ganz steif machen. Dann balancierte er uns hoch, damit wir die Schrankuhr aus der Nähe betrachten konnten. Er erklärte uns dann die Zahlen. Ich erklärte die Zwölf zu meiner Lieblingszahl. Wir fanden es prima und konnten nicht genug davon bekommen. Mutter war von diesen Kunststückchen weniger begeistert.

Interessant und beeindruckend war auch für uns, wie schnell Vater schnitzten konnte. Mit seinem Taschenmesser fertigte er aus der Borke von Kiefernstämmen kleine Boote und Schiffsrümpfe an. Er bestückte sie mit Segel sowie anderen Aufbauten und ließ sie in der Regentonne schwimmen. Später habe ich meinen Kindern auch solche Schiffe geschnitzt und ihnen von meinem Vater und meiner Kindheit erzählt.

War Vater zur Arbeit gefahren, warteten wir schon immer ungeduldig auf seine Rückkehr. Denn er brachte manchmal das so genannte >Hasenbrot< mit. Das schmeckte uns besser, als das übliche Abendessen. Es war ja auch etwas Besonderes. Vater erzählte uns dann geheimnisvoll, wie er es auf einem Holzstapel im Wald entdeckt hat. In Wahrheit war es natürlich übrig geblieben von seinen Pausenbroten. Bestimmt hat er manchmal etwas mehr mitgenommen, nur um uns Kindern eine Freude zu machen. Vater war der Natur sehr verbunden. Die Ornithologie hatte es ihm besonders angetan. Ihm wurde nachgesagt, er habe alle Arten der in Wald und Flur anzutreffenden Vögel gekannt. Von den meisten habe er den Gesang nachahmen können.

Gelegentlich durfte ich Vater zum Skatspiel begleiten. Die Männer tranken ihr Bier und ich bekam eine rote Limonade, eine sogenannte Brause. Einmal gab es große Aufregung. Ich hatte ein Stück aus meinem Limonadenglas heraus gebissen. Es ist aber gut ausgegangen. Es gab keine Verletzungen.

Auf dem Hof hinter unserem Haus hatte Vater einen Schuppen für das Brennholz errichtet. Darin hielt ich mich gern auf. Das frisch gehackte Holz roch so angenehm und der für mich damals gigantische Holzstapel beflügelte meine Fantasie. Besonders, wenn es regnete, verspürte ich einen unbändigen Drang danach, in den Schuppen zu gehen. Das Trommeln des Regens auf dem Pappdach übte eine große Anziehung auf mich aus. Mir lief dann immer ein Schauer über den Rücken. Manchmal habe ich Mutter richtig angebettelt, in den Schuppen gehen zu dürfen. So hat sich bei mir wohl ein besonderes Verhältnis zum Regen entwickelt. Ich gehe noch heute gern bei leichtem Regen durch Wald und Wiese. Auch fahre ich sehr gern bei starkem Regen mit dem Auto.

Aber auch das Feuer spielte in meinem Leben eine Rolle, wenn auch nur eine Nebenrolle. Es begann mit einem Ereignis, als ich vier Jahre alt war. Neben dem Küchenherd hatten die Eltern einen kleinen eisernen Ofen, einen so genannten >Kanonenofen<*, aufgestellt. Er diente zur schnelleren Erwärmung der Wohnküche. Eines Tages, die Eltern hatten uns kurze Zeit allein in der Wohnung zurückgelassen, kam mein großer Auftritt. Im Kanonenofen brannte unschuldig ein Feuer. Ich konnte das Feuer durch die Ritzen der nicht dicht schließenden Ofenklappe sehen und bekam Angst. Ohne Erfolg versuchten mein Bruder und ich, das Feuer zu löschen. Als ich es nicht mehr aushielt, öffnete ich das Wohnzimmerfenster und rief den vorbeikommenden Leuten zu: >es brennt, es brennt<. Ein beherzter Nachbar kletterte durchs Fenster in die Wohnung und ließ sich das Feuer zeigen. Es wurde noch lange darüber gelacht. Später wurde ich ein begeisterter und durchaus auch mutiger Feuerwehrmann.

Eine andere Episode will ich nicht verschweigen. Ich war ein >Puppenjunge<. Denn, ich hatte Gefallen am

Spiel mit Puppen gefunden, sehr zum Leidwesen meiner Mutter. Anfangs wurde darüber fast immer gelacht. Auch als ich bei einem Besuch bei Verwandten eine Puppe stibitzte, wurde noch darüber geschmunzelt. Ich hatte die Puppe im Kinderwagen meiner Schwester versteckt. Als mir dann aber die Mädchen aus der Nachbarschaft ihre Kleider anzogen, eine Puppe in den Arm drückten und so nach Hause schickten, war für Mutter der Spaß vorbei. Sie erteilte mir ein striktes Puppenspielverbot und ich wurde wieder ein richtiger Junge. Der Ausflug in die Welt der Mädchen hat bei mir keine bleibenden Folgen hinterlassen. Zu keiner Zeit wollte ich ein Mädchen sein.

***

Bevor es richtig beginnt – ist es schon vorbei

Als Vater in den Krieg ziehen musste, fehlte er mir sehr. Obwohl ich natürlich keine klare Vorstellung davon hatte, welchen konkreten Gefahren ein Soldat im Krieg ausgesetzt ist, machte ich mir doch Sorgen um meinen Vater. In den Gesprächen der Erwachsenen war fast nur noch die Rede von der Lage an den Fronten, von Verwundeten, Vermissten und Gefallenen aus ihrem Bekanntenkreis. Die Zeitung brachte täglich Seiten voller Todesanzeigen. Das war eine Zeit des Hoffens, Bangens und der Verzweiflung. Einige wenige Feldpostbriefe von Vater kamen. Die waren aber meist schon Wochen oder Monate unterwegs, ehe sie in der Heimat ankamen. Immer öfter stellte ich mir die Frage danach, wann endlich wir unseren Vater wieder sehen werden?

An einem sonnigen Tag im Juli 1942 stand er in Uniform und mit seiner militärischen Ausrüstung vor der Tür. Er erschien mir viel größer, als ich ihn in Erinnerung hatte. Auch wirkte er irgendwie fremd auf mich. Er war sehr ernst geworden. Bevor er seinen

Karabiner in den Wohnzimmerschrank wegschloss, durfte ich diesen einmal berühren. Ich war enttäuscht. Warum und was ich erwartet hatte, ich wusste es nicht. Dann kamen die Nachbarn und es wurde viel über den Krieg und seinen Verlauf gesprochen. Von all dem verstand ich kaum etwas. Heute weiß ich, dass es wohl nicht gut aussah für das >Volk ohne Raum<*. Volk ohne Raum, eine der Parolen Hitlers, die den Beginn des 2.Weltkrieges rechtfertigen sollten. Doch die Rechnung von der Eroberung der Welt ging nicht auf und die Menschen fingen an, sich mehr und mehr Sorgen über ihre Zukunft zu machen. Sorgen darüber, dass sie nun wohl für das begangene Unrecht büßen müssen.

Viel zu schnell waren die zwei Wochen Heimaturlaub vorbei. Am letzten Tag wurden noch einige Fotos von der Familie gemacht und dann musste Vater wieder an die Front. Was niemand damals ahnte, es war sein letzter Urlaub. Wir haben unseren Vater nicht wieder gesehen. Am 21.August 1942 war er für ... ja für was ... gefallen. >Gefallen für Führer, Volk und Vaterland<, so wurde das sinnlose Sterben von Menschen in einem ebenso sinnlosen Krieg bezeichnet. Gefallen, als ob der Betroffene nur wieder aufzustehen brauchte. Vor Moskau fand Vaters Leben sein Ende. Die Umstände, die zu seinem Tode führten, wurden nie ganz geklärt. Er war Pionier und weit hinter der Front eingesetzt. Mutter bekam mit seinen persönlichen Dingen ein Foto von einem Grab zugeschickt. Die Inschrift auf dem abgebildeten Grabkreuz war nicht lesbar. Wahrscheinlich wurde das Foto wiederholt verwendet. Dies, und die sich widersprechenden Angaben seines Vorgesetzten und seiner Kameraden waren schuld daran, dass unsere Mutter in ihrem ganzen Leben nie zur Ruhe kam. Sie hat unseren Vater wohl auch so sehr geliebt, dass es ihr nicht möglich war, seinen Tod nur einfach zur Kenntnis zu nehmen.

Ich kann mich noch gut daran erinnern, als die Nachricht von Vaters Tod kam. Es war zur Gewohnheit geworden, die Todesnachricht, sie war als solche äußerlich erkennbar, nicht den betroffenen Familien persönlich auszuhändigen. Der Postzusteller gab sie bei den Nachbarn oder bei Freunden ab. Die übernahmen es dann, den Hinterbliebenen, in den ersten schweren Stunden, den notwendigen Beistand zu geben. Es war eine schlimme Zeit. Wir Kinder verstanden zwar, was vorging, die Tragweite des Geschehens haben wir jedoch noch nicht begriffen. Eines Tages war es auch für uns so weit Unsere Nachbarin kam weinend mit dem Brief in der Hand zu uns. Sie brauchte nicht mehr viel zu sagen. Die beiden Frauen weinten lange. Dann erklärte uns Frau Linus, dass unser Vater nicht mehr aus dem Krieg zurückkehren wird. Mein Bruder hat es mit seinen knapp vier Jahren wohl noch nicht einordnen können. Seine größte Sorge war, wer nun den Weihnachtsmann macht.

Wie sollte es nun weiter gehen mit unserem Familienleben? Es hatte kaum begonnen, da war es schon vorbei. Die Familie war zerstört. Leichtfertig wird so eine Situation oft als Schicksalsschlag bezeichnet. Ich denke, das trifft es nicht. Für uns war es schlichtweg eine Tragödie. Sicher, das Leben ging für uns weiter. Doch nichts war mehr so, wie es einmal war. Mutter trug schwer daran. Zu diesem Zeitpunkt fehlte uns Kinder noch der Verstand dafür, das ganze

Ausmaß der Situation zu begreifen. Und für den Moment war es auch gut so. Später hat dieses Erlebnis einige Entscheidungen in meinem Leben beeinflusst.

Wie schwer die Todesnachricht den Frauen psychisch zusetzte, macht folgendes Verhalten deutlich: Immer wieder sprachen betroffene Frauen darüber, dass sie nachts geheimnisvolle Geräusche oder Stimmen gehört hätten. Die Frauen verbanden dies zu gern mit der Vorstellung, dass die Seelen ihre toten Männer nach Hause gekommen seien. Auch Mutter war davon nicht ganz frei. Sie und Frau Linus sahen in der Tatsache, dass meine Schwester den Daumen ihres Vaters beim Abschied nicht loslassen wollte, ein Zeichen dafür, dass sie ihn nicht gehen lassen wollte.
Mutter versuchte uns den Verlust des Vaters so wenig, wie nur möglich, spüren zu lassen. So weit dies möglich war, ist es ihr auch gelungen. Sie war immer für uns da, wenn wir sie brauchten. Sicher, ersetzen konnte auch sie den Vater nicht. Streng achtete sie darauf, dass wir uns anständig verhielten, gesund blieben, immer sauber gekleidet waren und satt zu essen hatten. Sie liebte ihre Kinder. Und wir Kinder

gaben ihr Halt in der schweren Zeit und die Kraft, das Leben weiter zu meistern.

Aus dieser Zeit sind mir einige Rituale in Erinnerung geblieben, die sich immer wiederholten. So war jeden Freitag Badetag. Mutter heizte den Waschkessel in der Waschküche an. In der Küche wurde eine Zinkwanne auf zwei Stühle gestellt und die Badetücher bereitgelegt. Wenn das Wasser warm war, wurde damit die Zinkwanne gefüllt und wir darin gebadet. Wer fertig war, wurde in ein Badetuch gehüllt und auf den Küchentisch gesetzt. Waren alle gebadet, bekamen wir den Feinschliff. Die Ohren wurden mit einem Handtuchzipfel gereinigt und die Finger- und Zehennägel beschnitten.

Das Frühstück bestand in dieser Zeit des Mangels, in der Lebensmittel nur in bescheidener Vielfalt und Menge zur Verfügung standen, in der Regel aus einer Milchsuppe. Ein besonderes Ereignis war es für uns Kinder, wenn Mutter die Suppe mit farbigem Zucker süßte. Toll fanden wir es auch, wenn Mehlklümpchen in der Milchsuppe schwammen. Wir nannten die Suppe >Klütersuppe<*.

Aus heutiger Sicht entwickelten wir manchmal einen eigenartigen Geschmack. So standen getrocknete Zuckerrübenschnitzel, ein als Pferdefutter vorgesehenes Abfallprodukt aus der Zuckerproduktion, bei uns hoch in der Gunst. Sozusagen als Ersatz für Bonbons.

Ich erinnere mich auch noch ganz anschaulich, dass Mutter uns beim Auftreten einer der damals noch häufig ausbrechenden Kinderkrankheiten zusammen ins Bett steckte. Sie provozierte praktisch den Ausbruch der Krankheit, um eine Immunisierung auch bei den Gesunden zu erreichen. Impfschutz, wie heute üblich, war damals noch nicht möglich.

Der Sommer 1943 wäre fast der letzte in meinem noch so jungen Leben gewesen. Spielkameraden hatten mich zum Baden abgeholt. Da es diesmal zum etwa fünf Kilometer entfernten Sperenberger See ins Strandbad gehen sollte, brauchte ich Eintrittsgeld. Fünf Reichspfennige kostete damals der Eintritt für Kinder. Da es lästig war, den >Sechser<, so nannte man damals das Fünfpfennigstück, in der Hand zu tragen, transportierten wir unser Geld im Mund. Das erschien uns praktisch, man konnte es nicht verlieren, durfte es nur nicht verschlucken. Beim Baden geriet ich dann in eines der >Pferdelöcher<, die so genannt wurden, weil sie wohl beim Baden der Bauernpferde entstanden waren. Es war nämlich üblich, dass die Bauern den Pferden nach der anstrengenden sommerlichen Feldarbeit abends ein kühlendes Bad gönnten. Das geschah in unmittelbarer Nachbarschaft zum Strandbad. Ich war wohl etwas unvorsichtig bei meinen Tauchübungen im eigentlich sehr flachen Wasser gewesen und in eines der Löcher geraten. Schwimmen konnte ich noch nicht und geriet in Panik, als ich mein Missgeschick begriff. Mir wurde die Luft knapp. Ich hatte wohl auch schon eine gehörige Portion Wasser geschluckt und dachte, dass es wohl das Ende wäre, als ich wie von Geisterhand aus dem Wasser gezogen wurde. Zum Glück hatte einer der Bademeister meinen Kampf mit den Elementen beobachtet. Ich war noch einmal davongekommen - hatte Glück gehabt.

Im August 1943 begann für mich ein neuer Lebensabschnitt. Ab sofort war ich ein Schulkind und sollte Schreiben, Lesen sowie Rechnen lernen. Vom Tag der Einschulung ist mir nur in Erinnerung geblieben, wie ich im Vorgarten unseres Hauses fotografiert wurde. Ich hatte große Probleme, meine große Schultüte richtig zu halten. Nun, so sagte man mir, begänne für mich der Ernst des Lebens. Das mit dem Ernst des Lebens habe ich die gesamte Schulzeit nicht so gesehen, wie noch zu berichten sein wird.

Als Erstes waren die materiellen Grundlagen für den Schulbesuch sicher zu stellen. Eine Schulmappe wurde von befreundeten Nachbarn gestiftet. Die Mappe war aus Rindsleder und diente mir acht Jahre. Des Weiteren war eine Schiefertafel zu beschaffen. Auch hier half Familie Tinius. In ihrem Stall hing eine alte Tafel, aus der Zeit, als ihre Söhne noch die Schulbank drückten. Im Moment wurden auf ihr die Legeleistungen der Hühner notiert. Mit einem Nagel wurden die Linien nachgezogen, noch etwas rote Farbe in die Rillen gewischt und fertig war die neue Schiefertafel. Ein alter Waschlappen und ein feuchter Schwamm waren mit je einer Schnur an der Tafel befestigt. Damit sie nicht das auf der Tafel Geschriebene abwischen, hingen sie während des Transports außerhalb der Mappe. Die Schreibstifte - >Griffel< genannt - lieferte die Schule. Man war gut beraten, seine Schulmappe nicht aus den Augen zu lassen. Einige Witzbolde machten sich immer wieder an unbeaufsichtigte Mappen zu schaffen und löschten mit dem Schwamm die mühsam von ihren Klassenkameraden angefertigten Hausaufgaben. Wenn der Lehrer die Hausaufgaben kontrollierte, standen die Betroffenen überrascht mit leerer Tafel da. Das war dann nicht mehr so lustig.

Das erste Schuljahr verlief für mich ohne besondere Höhepunkte. Mit dem Lernen hatte ich keine Probleme. Großen Spaß hatte ich aber auch nicht daran. Bleibende Eindrücke hatte das erste Schuljahr jedoch bei mir nicht hinterlassen. Einigen Erlebnissen auf dem Weg zur Schule sind mir in Erinnerung geblieben. Der Weg zur Schule führte an einem Kriegsgefangenenlager und den als Unterkunft für das deutsche Wachpersonal dienenden Baracken vorbei. Zur Schule mussten wir durch ein von einem Posten bewachtes Tor auf ein Kasernengelände. Unter uns Kindern hatte sich herumgesprochen, dass die sowjetischen Kriegsgefangenen aus Holz angefertigtes Spielzeug gegen Nahrungsmittel tauschen. Also schnorrten wir zu Hause Brot oder Kartoffeln und tauschten sie durch den Stacheldrahtzaun mit den Gefangenen, gegen das bei allen Kindern begehrte Spielzeug. Es handelte sich dabei in der Hauptsache um Funktionsmodelle. Zum Beispiel: auf einem Brett gruppierte Hühner, die mittels durch ein Brett geführter Fäden, an denen ein Gewicht befestigt war, in Bewegung versetzt wurden. Die Hühner pickten dann mit ihren Schnäbeln auf die Brettmitte. Auch Modelle von Fahrzeugen und anderem waren zu haben. Tiere standen bei uns am höchsten in der Gunst. Wir durften uns bei den Tauschgeschäften natürlich nicht vom Wachpersonal erwischen lassen. Den Gefangenen etwas zu geben war strengstens verboten. Wurden wir erwischt, war die Tauschware verloren und wir wurden verjagt - oder zur Abschreckung mit genommen. Einmal war ich auch mit eingefangen worden. Die Soldaten machten sich einen Spaß mit uns. In ihrer Wachbaracke hängten sie uns kopfüber an einen Deckenbalken und gossen uns kaltes Wasser in die

Hosenbeine. Bevor sie uns wieder laufen ließen, sagten sie uns, dass sie uns beim nächsten Mal der Schule melden würden. Wir aber ließen uns nicht abschrecken. Zu groß war der Reiz, der von dem schönen Spielzeug aus ging. Nur vorsichtiger gingen wir vor. Es gab auch Wachposten, die wegsahen oder uns bei den Tauschgeschäften halfen. Für uns war das Ganze natürlich eine aufregende Sache.

Das zweite Schuljahr war weitaus interessanter und eindrucksvoller. Erst einmal bezogen wir einen anderen Unterrichtsraum. Dann schrieben wir nur noch mit Bleistift oder Federhalter auf Papier. Die Schiefertafel hatte für mich ihre Schuldigkeit getan. Sie diente nun meinem Bruder Richard. Auch die Anforderungen im Unterricht wurden größer. Ich ging jetzt gern zur Schule.

Über der Tür zu unserem Unterrichtsraum hing ein großes Foto vom Führer, Adolf Hitler. Neu war vor Beginn des Unterrichts der so genannte >Deutsche Gruß< oder >Hitlergruß<. So haben wir nun jeden Morgen unseren rechten Arm gehoben und riefen Heil

Hitler. So weit ich mich erinnere, war uns der Sinn dieser >Körperübung< nicht klar. Deshalb kam es auch immer wieder zu inkorrektem Verhalten während der täglich stattfindenden Zeremonie. Dafür setzte es dann Strafen. Meist in Form von Schlägen auf die normalerweise zum Sitzen vorgesehene Fläche. Diese Art von Züchtigung war übrigens an der Tagesordnung. Eine Episode habe ich noch recht gut in Erinnerung. Eines Morgens, der Lehrer hatte gerade den Raum betreten, ertönte ein Pfiff. Der Lehrer, er war wohl ein ganz scharfer Vertreter seiner Zunft, machte meinen Schulfreund Wolfgang als Übeltäter aus und verabreichte ihm eine schallende Ohrfeige. Wie so oft im Leben hatte es wieder einmal den Falschen getroffen. Wolfgang verließ daraufhin weinend die Schule und lief nach Hause. Der Lehrer ließ unseren Einwand, dass er sich geirrt habe, nicht gelten. Damit schien die Angelegenheit für ihn erledigt, wie er meinte. Doch es gab dann doch noch ein Nachspiel für ihn. Der einzige Schuhmacher im Ort war nämlich Wolfgangs Vater. Er arbeitete sowohl für die Offiziere der Wehrmacht, als auch für die Bevölkerung. Als nun der

Lehrer zum Schuhmacher kam, um seine Schuhe abzuholen, erfuhr er erst einmal, wen er da geschlagen hatte. Dass dies zu Unrecht geschehen war, wollte er immer noch nicht einsehen. Da schloss Wolfgangs Vater die Ladentür ab und verabreichte dem Uneinsichtigen mit dem Spannriemen eine gehörige Tracht Prügel. Dummerweise beschwerte sich der Gezüchtigte darüber. Damit wurde es in der Öffentlichkeit erst bekannt. Hätte er doch geschwiegen. Obwohl es eine Untersuchung des Vorfalls gab kam der Schuhmacher ungeschoren davon. Wir hatten einen riesigen Spaß an der Angelegenheit.

Ansonsten gab es wenig Abwechslung.

Aufregungen brachten die ständigen Fliegeralarme für die Bevölkerung. In den ersten Monaten des Jahres 1943 erfolgten die Bombardierungen hauptsächlich in der Nacht. Überall in der Öffentlichkeit hingen Plakate, worauf die Silhouette eines Mannes mit Hut abgebildet war und in großen Buchstaben stand: >Pst! Feind hört mit! < Es war die Zeit der Verdunklungen. Für jedes Fenster wurden Vorhänge angefertigt. Sie waren im Falle eines nächtlichen Fliegeralarms vor die Fenster zu hängen und mussten so beschaffen sein, dass kein Licht nach außen dringen konnte. Das wurde von Luftschutzwarten kontrolliert, die von staatlicher Seite eingesetzt waren. In allen Gebäuden hatten Löschgeräte bereitzustehen. Dazu gehörten Eimer, Feuerpatsche, Tüten mit Löschsand, Schaufel und eine Decke, als Grundausrüstung. Eine Notbeleuchtung war in allen Räumen neben dem Lichtschalter anzubringen. Später wurde der Unterricht an den Schulen zunehmend durch Fliegeralarme unterbrochen. Die Lehrer zogen dann mit uns in den, als >Luftschutzraum< gekennzeichneten, nächsten Keller und es wurden zu unserer Ablenkung Geschichten vorgelesen. Manchmal gab es auch Alarm, wenn wir uns gerade auf dem Schulweg befanden. In der Schule wurden wir immer wieder belehrt, sofort die in jedem Haus vorhandenen Luftschutzkeller aufzusuchen, sofern wir uns noch im bebauten Gelände befanden. Für den Fall, dass wir uns im offenen Gelände befanden, sollten wir laufen als sei ein wilder Affe hinter uns her und Deckung suchen. Daran hielten wir uns auch konsequent. Ich erinnere mich wohl heute noch daran, weil mich diese Aufforderung sehr beschäftigte. Hatte ich doch solch einen Affen noch nicht kennengelernt. Die Affen, die ich kannte, waren liebenswerte Kerle und lebten im Berliner Zoo. Der war bombardiert worden und ich machte mir große Sorgen um die dort wohnenden Tiere.

An die Besuche im Zoo kann ich mich noch sehr gut erinnern. Wir hatten unsere Freude an den vielen Tieren, die wir dort zu sehen bekamen. Wilde Affen gab es, unserer Ansicht nach, dort nicht. Im Gegenteil, sie waren lustig. Wir wollten gar nicht weiter. Aber es gab noch andere Tiere zu sehen. Besonders interessant fand ich die Fütterung der Seehunde. Bei unserer Ankunft im Zoo hatte Vater sich nach der Fütterungszeit erkundigt. Nun achteten wir ständig auf die Zeit. Schließlich wollten wir die Fütterung nicht verpassen. Endlich war es dann so weit Eine Glocke wurde geläutet. Die Menschen strömten zur Anlage mit den Seehunden. Dann begann das Schauspiel. Es kam ein Zoowärter mit einem Eimer voller Heringe. Er warf den Seehunden die Heringe einzeln zu. Die Seehunde versuchten, sich die Bissen gegenseitig abzujagen.

Das war ein Gewimmel im Wasser. Die Schnelligkeit, mit der sie schwammen, beeindruckte mich als Nichtschwimmer, der ich damals war.

Und dann sah ich etwas, was ich lange Zeit nicht einordnen konnte. Hinter einem Zaun befand sich eine Siedlung kleiner Häuser, wie für Kinder. Zwischen ihnen bewegten sich kleinwüchsige Menschen, Liliputaner genannt. Und das alles zum Spaß der Zoobesucher. Ich war irgendwie unangenehm berührt. Meine Eltern gaben mir damals keine befriedigende Erklärung dazu. Erst viele Jahre später erklärte Mutter mir die Zusammenhänge. Die Eltern hatten sich offensichtlich geschämt, angesichts dieser Ungeheuerlichkeit.

Am Abend dieses Ausflugstages bestieg Vater dann noch den Berliner Funkturm. Mit der Aufsichtsperson, einem älteren Herrn, hatte er dann noch einen kleinen Disput über die tatsächliche Anzahl der Treppenstufen. Ich wollte den Turm unbedingt auch besteigen. Vater vertröstete mich auf später, wenn ich größer geworden bin. Leider konnte er sein Versprechen nicht einlösen. Als er auf Fronturlaub kam, bestieg er mit mir dann den

Aussichtsturm auf dem Golm. Einen Holzturm mit bescheidener Höhe, auf einer Anhöhe an der Verbindungsstraße zwischen Gottow und Kummersdorf-Schießplatz. Den Berliner Funkturm habe ich bis heute nicht bestiegen.

Ein aufsehenerregendes Ereignis gab es im Herbst 1944. Eines Nachmittags erschütterten gewaltige Explosionen den Großraum Kummersdorf-Schießplatz. Ein riesiger Feuerball stieg in den Himmel und stand, nach seinem Verglühen, als überdimensionaler Rauchpilz noch Stunden über dem Schießplatz. Wir sahen auch Menschen, Gebäudetrümmer und Fahrzeugteile durch die Luft fliegen. Dann mussten wir unsere Häuser verlassen und uns bis ins circa zwei Kilometer entfernte Fern-Neuendorf begeben. In der Nacht durften wir wieder in unsere Häuser zurück. Über die Ursachen der Explosionen gab es verschiedene Gerüchte. Zu den tatsächlichen Hintergründen wurden keine amtlichen Angaben gemacht. Bekannt war, dass es Panzererprobungen und Versuche mit Raketen im Zusammenwirken mit Peenemünde gegeben hat. Man sprach auch von Sabotage. Die Aufregungen über dieses Ereignis traten bald in den Hintergrund. Neue Ereignisse erforderten die ungeteilte Aufmerksamkeit der Menschen. Der Kriegsschauplatz näherte sich unaufhaltsam und mit wachsendem Tempo. Die Berichte von der Lage auf den Kriegsschauplätzen ließen es erahnen und die endlosen Flüchtlingstrecks auf den Straßen kündigten es an. Die Gerüchte über Gräueltaten des Feindes nahmen zu. Angst machte sich breit. Die in ihrer Häufigkeit zunehmenden Luftangriffe der anglo-amerikanischen Bomberverbände, Kriegsgefangenentransporte, Flüchtlingstrecks und die größer werdenden Probleme, im Zusammenhang mit der Versorgung der Bevölkerung mit Nahrung und anderen für das Leben notwendigen Waren, beeinflussten zunehmend unser Leben.

Täglich sahen wir Menschen die mit ihrem Hab und Gut gegen Westen zogen. Was ließ sie vor der näher rückenden Front flüchten? Einige trieb sicher das schlechte Gewissen. Entweder hatten sie das Eigentum vertriebener Polen übernommen oder sich anderweitig schuldig gemacht. Sie fürchteten die Rache ihrer Opfer.

Andere hatten wohl einfach Angst als Folge der permanenten nationalsozialistischen Propaganda. In allen Haushalten gab es Einquartierung von Flüchtlingen. Viele verließen ihre neue Bleibe aber wieder vor der heranrückenden Front, um weiter in Richtung Westen zu ziehen. Mutter sagte uns, dass wir hier bleiben, egal was passiert.

Der Frühling 1945 war wunderschön. Das durchgängig gute Wetter hatte dafür gesorgt, dass die Natur früh aus dem Winterschlaf erwachte. Nach den Schneeglöckchen und Krokussen entfalteten die Narzissen ihre Blütenpracht. Die Vögel sangen im nahen Wald, die Bienen und Hummeln summten zwischen den Blumen und Kleeblüten im Rasen. Aber die Menschen konnten sich nicht richtig daran erfreuen. Eine lähmende Spannung lag über dem Land. Die aktuelle Frontberichterstattung war das bestimmende Thema in den Gesprächen. Mit unserem Radio, der Marke Volksempfänger – >Göbbelsschnauze<* nannte ihn ironisch der Volksmund, nach dem Reichspropagandaminister Göbbels -, hörte ich oft die Luftlagemeldungen. Die Zeit dafür hatte ich. Die Schule

hatte den Unterricht auf unbestimmte Zeit eingestellt.
Wenn im Radio die Sendungen wieder einmal für eine
Luftlagemeldung unterbrochen wurden und der
Sprecher verkündete, dass sich starke
Bomberverbände aus Richtung Norden der
Reichshauptstadt Berlin nähern, gab ich nicht Ruhe, bis
wir alle im Keller saßen. Mutter wartete immer, bis die
Sirenen heulten. Der Schießplatz war häufig das Ziel
der Bomberangriffe, weil er eine wichtige Rolle bei der
Erprobung neuer Kriegstechnik gespielt hat. Wir
gerieten aber nur einmal direkt in Gefahr, als eine
Sprengbombe etwa 100 Meter von unserem Haus im
Wald einschlug. Die Erde flog durch das offene Fenster
bis in unseren Keller. An einigen Häusern in der
Nachbarschaft gab es Schäden an den Dächern. Als
die Sirenen Entwarnung verkündeten, setzte eine
regelrechte Völkerwanderung zur Besichtigung des
Bombenkraters und der beschädigten Häuser ein. Zum
ersten Mal erlebten wir den Krieg unmittelbar, den wir
ja bisher nur aus Radioberichten und der Wochenschau
kannten. Es war ein komisches Gefühl und machte
Angst.

Es war so um den 20. April 1945, als wir
Geschützdonner aus der Ferne hörten. Den ganzen
Tag war schon so ein Grummeln in der Luft. Zuerst
dachten wir, ein Gewitter nähert sich. Doch dann wurde
es zur Gewissheit. Die Front rückte näher. Der Krieg
war an seinen Ausgangspunkt zurückgekehrt. Angst
hatte ich nicht. Eine große Neugierde hatte mich
erfasst. Mutter hatte einen Kuchen gebacken. Sie
wollte am 21. April mit uns Vaters Geburtstag feiern. Er
war nur dreißig Jahre alt geworden. Da Mutter wohl
davon ausging, dass es mit Feiern so bald nichts mehr
wird, aßen wir den Kuchen vorher auf. Er sollte wohl
dem Feind nicht in die Hände fallen. Der Kriegslärm
kam mal näher, mal entfernte er sich. Am Waldrand
hatte der >Deutsche Volkssturm<* Schützengräben
ausgehoben und darin Stellung bezogen. Alte Männer
und Jugendliche - sie sollten den Feind aufhalten. Die
Frauen versorgten die Volkssturmmänner mit
Getränken, solange noch keine Feindberührung
bestand. Noch waren alle in guter Stimmung. Oder war
es schon Galgenhumor? Als ich einmal unsere
Nachbarin begleiten durfte, sahen wir einen älteren

Jungen, der in der Nachbarschaft wohnte. Er stand mit einem Gewehr in einem der vielen Schützenlöcher. Frau Linus regte es mächtig auf, ein Kind mit einer Waffe gesehen zu haben. Sie konnte sich lange nicht beruhigen und schüttelte immer wieder den Kopf. In der Nacht zog dann die Front das erste Mal über unseren Ort hinweg. Wir saßen im Keller und warteten auf die Dinge, die unausweichlich auf uns zukamen. Dann kamen die ersten sowjetischen Soldaten in unseren Keller. Mit ihren schweren Stiefeln polternd, kamen sie die Treppe herunter. Seltsamerweise hatten sie keine Waffen dabei. In ihren Händen hielten sie Schaufeln. In ihren khakifarbenen Uniformen sahen sie den Kriegsgefangenen, mit denen wir unsere Tauschgeschäfte gemacht hatten, sehr ähnlich. Das beruhigte mich. Sie fragten immer wieder:> >Uri<<? - ><Nix Uri><, antworteten die Frauen. Uhren und Fahrräder waren ihre Leidenschaft, sie hatten es den Sowjetsoldaten angetan. Diese bei uns sehr verbreiteten Gebrauchsgegenstände, zählten in ihrer Heimat noch zum Luxus. Das war schon bis zu uns durchgedrungen. Die Uhren hatten Mutter und Frau

Linus zusammen mit der Fahne, Hitlers Buch >Mein Kampf<* und den Wertsachen am Tag vorher vorsorglich im Wald vergraben. Wie sich zeigte, hatten die Soldaten damit wohl schon ihre Erfahrungen gemacht, dass die Deutschen sich nur ungern von ihrem Luxus trennten. Die auf der Kellertreppe stehenden Papiertüten mit Löschsand kippten sie aus. Da sie keine Uhren fanden, gingen sie wieder. Am Tage sahen wir dann, wie ein Soldat in unserem Garten mit einem langen Säbel Stichproben machte. Wohl auch aus Erfahrung. Aber er hatte natürlich kein Glück. Die Frauen freuten sich diebisch über ihren Entschluss, die Sachen im nahen Wald zu verstecken. Am Morgen verließen wir den Keller. Das Haus konnten wir aber vorerst nicht verlassen. Dicht vor unserer Haustür stand ein Lastkraftwagen. Nach einigen Stunden wurde er abgeschleppt, wir konnten aus dem Haus und unsere Neugierde befriedigen.

Der erste Tag nach dem Eintreffen der Sowjetsoldaten brachte einige Überraschungen. Wir Kinder fanden die endlosen Kolonnen von Pferdefuhrwerken, die der kämpfenden Truppe folgten, sehr interessant. In dieser

Form hatten wir sie noch nicht gesehen. Zusätzlich zu den Seitenholmen hatten die Pferde noch einen Bügel darüber. Die Wagen waren kurz und flach gebaut. Auch waren die Pferde viel kleiner als die, die wir bisher gesehen hatten. So ein Zwischending von Pferd und Pony. Die Erwachsenen nannten sie >Panjepferde<*. Panje kommt aus dem Polnischen und heißt: >oh Herr<. Aber das wusste ich damals noch nicht. Doch wie Herrenpferde sahen die Panjepferde nun wirklich nicht aus. Eher wie das Gegenteil. Zu uns Kindern waren die Soldaten sehr freundlich. Sie schenkten uns Schokolade und interessierten sich stark für unser Familienleben. Deshalb hatten wir sehr oft Besuch von ihnen. Mutter musste Kaffee aufbrühen. Wir Kinder durften mit am Tisch Platz nehmen und mit den Soldaten essen. Leider war es wenige Tage später damit vorbei. Während eines nächtlichen Gefechts war der Schornstein unseres Hauses zerschossen worden. Als wir nach den Stellungen des Volkssturms sahen, fanden wir nur noch Tote sowie herumliegende Waffen, Munition und Ausrüstungsgegenstände. Für mich waren es die ersten toten Menschen, die ich sah. Es war schon ein eigenartiges Gefühl. das mich ergriff, als ich den Jungen aus der Nachbarschaft tot in einer Mulde liegend fand. Nicht weit von seinem Elternhaus lag er bäuchlings und hatte sich erbrochen. Ein Gewehr hatte er nicht mehr bei sich. Ob er noch versucht hatte nach Hause zu kommen? Es sah so aus. Seine Mutter und seine Geschwister haben ihn dann geholt und in ihrem Garten begraben.

Dann gab es große Aufregung unter den Bewohner der Siedlung. Es fehlten einige Familien. Sie waren nicht in ihren Häusern anzutreffen. Aber es sah nicht so aus, dass sie geflüchtet waren. Sie waren einfach verschwunden. Keiner wusste wieso und warum. Am nächsten Tag waren sie dann wieder da. Es sprach sich herum, dass sie in einem Bunker auf dem Schießplatzgelände die Kampfhandlungen abgewartet hatten. Von den Bunkern wussten die meisten Siedlungsbewohner nichts. Dann wurde die Aufregung noch größer, denn die zurückgekehrten Bewohner behaupteten, sie seien während ihrer Abwesenheit von den Nachbarn bestohlen worden. Es gab einen riesen Streit und manche gute Nachbarschaft ging in die

Brüche. Doch nicht alle kehrten zurück. Ein Bunker war für die Insassen zum Grab geworden.

Für uns nahm das Leben dann an den folgenden Tagen dramatische Formen an. Die Front wechselte mehrmals über unsere Wohnsiedlung hinweg. Insgesamt sieben Mal wechselten die Besatzer. Schuld daran waren in erster Linie Verbände der Waffen-SS*. Sie unternahmen immer wieder untaugliche Versuche, sich nach Westen durchzuschlagen. Später sprach man davon, dass allein diese Kampfhandlungen ca. 10 000 Menschen das Leben gekostet hat. Ich fand in einem Erlebnisbericht die folgende Beschreibung der Ereignisse durch einen Zeitzeugen:
>>>*Tausende von Menschen wurden sinnlos geopfert. Soldaten, Frauen und Kinder starben in dieser Feuerhölle. SS-Einheiten mit Vierlingsflak trieben uns zum Sturmangriff mit der Androhung, uns bei Nichtbefolgung niederzuschießen. General Busse selbst durchbrach mit überschweren Tigerpanzern die Panzersperre bei Halbe. Der einzige Betrieb im Ort, ein Sägewerk, brannte lichterloh. Busses Panzer durchbrachen die Straße, die vollgestopft war mit*

Menschen und Fahrzeugen aller Art. Menschen wurden wie Briefmarken platt gewalzt. Menschenleerer wurden durch Granaten zerrissen und in die Luft gewirbelt. Busse konnte mit seinen überschweren Panzern zu den amerikanischen Linien durchstoßen und sich dort ergeben. Die Reste dieser Armee gingen jämmerlich in dieser Schlacht zugrunde. 20 000 deutsche Soldaten sind auf dem Friedhof in Halbe begraben worden. Davon wurden viele Menschen, die nicht mehr identifiziert werden konnten, in Massengräbern beigesetzt. Die Gesamtverluste betrugen weit über 40 000 ...<<<   Quelle: Märkische Allgemeine vom 8.11.2002, *Tausende von Menschen sinnlos geopfert*

Ein anderer beschreibt das Geschehen so: >>>Viele Deutsche – Soldaten und Zivilisten – flohen ... vor der anrückenden Roten Armee. Etwa 100.000, die Hälfte von ihnen Zivilisten, wurden in den Wäldern beim Ort Halbe von den Sowjets eingekesselt. Ein Großteil der Eingeschlossenen kämpfte sich nach Westen vor; viele erreichten sogar das von den Amerikanern besetzte linke Elbufer. Trotzdem hatte die Kesselschlacht rechnerisch die Bevölkerung einer mittelgroßen Stadt *das Leben gekostet: 40.000 Tote gab es auf deutscher Seite, 20.000 Rotarmisten starben. Allein in den Straßen des 1200-Seelen-Orts Halbe lagen 8000 Leichen, erzählte eine Überlebende 1990 gegenüber Radio DDR II. >Überall verstreut, egal ob im Hausgarten, im Straßengraben, auf der Straße. Dazu kamen die vielen Flüchtlinge, die zum Teil auch mit ums Leben gekommen sind. < Halbe und Seelow, die Namen stehen in Brandenburg symbolisch für die Heftigkeit, mit der der Krieg auch noch Wochen vor seinem Ende tobte. In Halbe (Dahme-Spreewald) befindet sich heute eine der größten Kriegsgräberstätten in Deutschland. Mehr als 22.000 Soldaten – manche Schätzungen liegen sogar um ein Mehrfaches höher – liegen auf dem Waldfriedhof 40 Kilometer südöstlich von Berlin begraben. Es sind deutsche Wehrmachts-Soldaten und Angehörige der Waffen-SS, sowjetische Soldaten, hingerichtete deutsche Deserteure, hingerichtete ukrainische Zwangsarbeiter. <<<*

(Eingefügtaus:<www.rbbonline.de/_/themen/beitrag_jsp/key=teaser_2176 841.html>)

Wir verbrachten die Nächte und Zeiten, in denen Kampfhandlungen in unserer Nähe stattfanden, im Keller. Eines Nachts gab es große Aufregung. Im Schacht vor unserem Kellerfenster hatte sich ein deutscher Soldat mit einem Maschinengewehr verschanzt und schoss in die Gegend herum. Meine Mutter und unsere Nachbarin schimpften solange mit ihm, bis er sich davon machte. Es dauerte dann auch nicht lange und wir bekamen Besuch von aufgebrachten Sowjetsoldaten. Es kostete einige Mühe, sie davon zu überzeugen, dass wir mit der Schießerei nichts zu tun hatten. Letztendlich gaben sie sich dann mit unserer Erklärung zufrieden und zogen wieder ab. In dieser Nacht wurde besonders heftig um die Siedlung gekämpft. Mal waren es deutsche Worte, dann wieder russische Gesprächsfetzen, die in unseren Keller drangen. Weniger Glück hatten die Insassen im Keller des Hauses schräg gegenüber. Auch dort hatte ein Schütze im Schacht des Kellerfensters Stellung bezogen. Vielleicht war es der Schütze, der schon in unserem Kellerschacht gesessen hatte. Als er abgezogen war, wurde durch das Fenster in den Keller geschossen. Frau Linus war es, die sich am folgenden Morgen wunderte. *Die Raabes*, so hieß die dort wohnende Familie, waren sonst immer die ersten Nachbarn, die ihren Keller verließen. Aber an dem Tag nach der nächtlichen Schießerei waren sie nicht zu sehen. Wir gingen nachsehen und fanden sie weinend im Keller, Frau Raabe mit ihren sechs Kindern und ein älteres Flüchtlingsehepaar. Der Mann lag tot unter dem Kellerfenster. *Frau Raabe* hatte einen Schuss ins Bein bekommen. Die anderen waren mit dem Schrecken davon gekommen. Zur Pflege nahmen wir Frau Raabe mit ihren Kindern zu uns in den Keller.

Das nächste aufregende Ereignis ließ nicht lange auf sich warten. An einem sonnigen Nachmittag, die Sowjetsoldaten im Wald hinter unserem Haus waren dabei, Essen zu kochen. Musik und Gesang klangen herüber. Sie hatten so melodisch schwermütige Lieder, die sie immer wieder sangen. Sie schienen sich richtig sicher zu fühlen. Vielleicht dachten sie auch, der Krieg wäre für sie zu Ende. Da zerrissen Mpi-Salven die Idylle. Ein Stoßtrupp der Waffen-SS hatte einen Angriff durchgeführt und war so schnell, wie er gekommen war, wieder verschwunden. Auf Drängen der Russen mussten wir unsere Häuser verlassen und in den Keller des Feierabendheimes im gegenüberliegenden Teil der Siedlung gehen. Sie befürchteten einen größeren nächtlichen Angriff der Waffen-SS. Der Angriff kam dann auch. Aber genau aus der Richtung, in die man uns geschickt hatte. Wir waren nun mitten drin. Das hatten die Russen wohl vermeiden wollen. Die ganze Nacht wurde draußen erbittert gekämpft. Einige Geschosse verirrten sich auch in unseren Keller. Neben mir saß eine Frau mit ihrem schlafenden Jungen auf dem Schoß. Als es draußen hell wurde, die Kampfhandlungen waren inzwischen abgeebbt, verließen wir den Keller. Da stellte die Frau neben mir den Tod ihres Jungen fest. Ihn hatte eines der Geschosse getroffen. Ich hatte so ein Gefühl, wieder einmal davon gekommen zu sein.

Die Siedlung war voller Waffen-SS und Soldaten der Wehrmacht. Die Frauen schimpften mit ihnen und forderten sie auf, die Kampfhandlungen einzustellen. Jedoch ohne Erfolg. In der nächsten Nacht wechselten dann wieder die Besetzer der Siedlung.

An den folgenden Tagen waren die Frauen und wir Kinder damit beschäftigt, die vielen Toten einzugraben. Das war auch dringend nötig, denn neben dem Brandgeruch, nahm der stechende Verwesungsgeruch der vielen Leichen zu. Da die Sowjetsoldaten sich um ihre eigenen Toten selbst kümmerten, blieben uns die deutschen Opfer. Das Eingraben der Leichname erfolgte oft am Fundort oder in den Laufgräben und Schützenlöchern. Den Toten wurden ihr Soldbuch und die Hälfte der am Hals hängenden Erkennungsmarke abgenommen. Dann wurden sie in eine Decke oder Zeltbahn gewickelt und begraben. Anfangs kennzeichneten wir die Stellen zur Wiedererkennung mit Tafeln. Aber bald reichte dafür die Zeit nicht mehr. Die Frauen brachten die Toten unter die Erde. Wir Kinder trugen die Soldbücher und Erkennungsmarken*. Diese wurden später dem Deutschen Roten Kreuz übergeben.

Der tägliche Umgang mit dem Sterben und der Anblick der Toten hatten wohl frühzeitig meine Einstellung zum Leben und zum Tod geprägt. Mir war klar geworden, mit dem Leben kann es ganz plötzlich vorbei sein. Das hat mich dazu befähigt, mit dem Tod relativ sachlich umgehen zu können. Mit der Trauer und dem Schmerz, über den Verlust eines nahestehenden Menschen, hat dies aber nichts zu tun. Doch Angst vor dem eigenen Ende habe ich noch nie gehabt. Aber darüber später. Aus heutiger Sicht bleibt mir ja auch noch einige Zeit bis dahin. Noch jung an Jahren hatte ich beschlossen, mindestens 80 Jahre alt zu werden. Im Moment stehen die Chancen gut, das Ziel zu erreichen.

Aber zurück zu den Geschehnissen im Frühling 1945. Wir Überlebenden mussten an unsere Ernährung denken. Obwohl wir nie wirklich gehungert haben, die Nahrungsmittel waren manchmal sehr knapp. Als erste Handlung gingen wir zur Kaserne und plünderten das Lager der Wehrmachtskantine. Mehl, Zucker und getrocknete Zwiebeln gehörten zu unserer ersten Beute. Dann wurden herumstreunende Kühe und angeschossene Militär-Pferde eingefangen, geschlachtet und das Fleisch verteilt. Trinkwasser gab es nur an einem Löschwasserhydranten. Es wurde zugeteilt. So entwickelte sich spontan aus der Not heraus eine Solidargemeinschaft. An Brot hat es uns nie gemangelt. Wir fanden es in größeren Mengen in den vielen herumstehenden und zerschossenen Kriegsfahrzeugen, den Geschützstellungen und in den Schützengräben. Damit es nicht verdarb, wurde es getrocknet. Später wurde es eingeweicht, zu einem Teig geknetet und auf einem Kuchenblech wieder aufgebacken. Auch alte Rezepte feierten Auferstehung:

- Spinat aus Sauerampfer oder Brennnessel.
- Deutsche Kapern aus in Essig eingelegten Knospen der gemeinen Sumpfdotterblume. Ja, die Not machte erfinderisch. Was das Essen anbetraf, waren wir nicht wählerisch. Pellkartoffeln mit süßem Rübensirup waren sicher nicht nach unserem Geschmack. Aber ein altes Sprichwort besagt: >>In der Not frisst auch der Teufel Fliegen<<. Doch so weit war es noch lange nicht. Es folgten dann auch wieder wahre Schlemmerzeiten.

Wie sich zeigte, hatten die Sowjetsoldaten an vielem aus unserem Leben Interesse. So sah man, wie sie auf erbeuteten Fahrrädern das Radfahren erlernten. Auch Mutters Fahrrad wurde konfisziert. Ein Damenfahrrad der Marke >Herkules<. Vater hatte es Mutter einmal zum Geburtstag geschenkt. Robust war es, eben echte deutsche Wertarbeit. Auf dem vorderen Schutzblech hatte es eine nackte Männerfigur, die eine Keule schwang. Ein Markensymbol des Fahrradherstellers Herkules. Ein Soldat sah sich diese Figur an, brach sie ab und warf sie fort; war ihm wohl zu kriegerisch. Das Fahrrad haben wir immer wieder zurückbekommen. Unseren Handwagen nicht. In den Pausen zwischen den Kampfhandlungen diente er wiederholt sowohl den Deutschen als auch den Sowjetsoldaten als Verwundetentransporter. In unserer Siedlung befand sich neben dem Feierabendheim ein Bunker, der als Lazarett eingerichtet war. Erst wurde auch der Handwagen immer wieder zurückgebracht, bis er für immer verschwand. Vaters Akkordeon und seine Ziehharmonika hatten es einem sowjetischen Offizier angetan. Er zerlegte sie in ihre Einzelteile und machte sich Skizzen von den Teilen. Dann setzte er sie wieder zusammen und gab sie uns zurück. Später wurden sie dann doch noch gestohlen. Ansonsten haben wir unser Hab und Gut retten können. So selbstverständlich war das nicht. Es wurde viel geplündert und man musste schon auf seine Sachen achten - wie folgendes

Beispiel belegt. Unsere Mutter war wieder einmal mit Frau Tinius unterwegs, um Nahrungsmittel zu besorgen. Die Ausgabe erfolgte am Feierabendheim, in einem anderen Teil der Siedlung. Mein Bruder und ich sollten auf unsere Schwester und das Haus aufpassen. Unsere Aufgabe war es, aus dem Fenster zu gucken und damit zu signalisieren, das Haus ist bewohnt - die Leute sind anwesend. Käthe schlief in ihrem Bettchen im Keller unseres Hauses. Wir haben diese Aufgabe wohl nicht ernst genug genommen. Auf uns Jungs übte die herumstehende und verlassene Kriegstechnik einen zu starken Reiz aus. In unserer Abwesenheit hatte jemand den Keller durchsucht und die in Koffer und Taschen befindliche Bekleidung und Wäschestücke ausgeschüttet. Einen Teil davon in das Bett mit unserer schlafenden Schwester. Zum Glück ist der >Kleenen<, wie wir Brüder sie nannten, nichts passiert. So fand Mutter sie. Von uns keine Spur. Als wir dann nach Hause kamen, hat sie mit uns geschimpft. Wir haben uns sehr geschämt. Fortan passten wir besser auf die Kleene auf. Das war nicht immer einfach. Immer wollte sie mit, wenn wir zu unseren Freunden gingen. Sie war erst drei Jahre alt, sehr quirlig und büxte uns oft aus. Deshalb versuchten wir immer unbemerkt von zuhause weg zu kommen. Man konnte ja auch viel besser spielen, wenn man nebenher nicht noch auf das Schwesterchen aufpassen musste.

***

Der Umzug

Juli 1945. Der Sommer hatte endgültig Einzug gehalten. Sommer ist für mich auch heute noch die schönste Jahreszeit. Sie bringt Helligkeit, Wärme und Lebensfülle. Die Natur bietet in dieser Zeit viele interessante Erscheinungen. Wie immer zog es mich auch in diesem Jahr in den Wald und zur Wiese hinter dem Bahndamm. Dort beobachtete ich die Käfer in ihrer Vielfalt. Einige dieser Spezis besaßen die Fähigkeit, sich geschickt aus der Rückenlage zu befreien. Mit einem deutlich hörbaren Knacklaut schnipsten sie ihren Körper in die Höhe und landeten fast immer auf ihren Beinen. Andere pumpten eifrig, bevor sie davon flogen, als wenn sie vor dem Abflug noch Kraftstoff tanken müssten. Am faszinierendsten waren die Hirschkäfer mit ihren großen geweihähnlichen Zangen. Aber man musste schon viel Glück habe, einem von ihnen zu begegnen. Auch Hummeln gefielen mir sehr gut. Diese pelzigen Brummer fand ich, insbesondere wegen ihres Aussehens und Verhaltens, ungemein putzig und sympathisch. Außerdem waren sie so ziemlich die

74

ersten Insekten, die im Frühling aktiv wurden. Sie sind längst nicht so flink und aggressiv, wie die anderen Bienenarten. Hummeln sind besser zu beobachten, da sie auffälliger und größer als die Honigbienen sind. Aber eigentlich waren für mich alle Insekten interessant. Einen großen Eindruck machte auf mich die >Große Rote Waldameise<. Gern habe ich mich in der Nähe ihrer riesigen Hügel aus Kiefernnadeln aufgehalten, um sie zu beobachten. Hat man sich ganz ruhig verhalten und nicht nach ihnen gegriffen, wenn sie auf einem herum krabbelten, dann haben sie auch nicht gebissen. Das war ein Gewimmel. Es ist schon faszinierend, wie sie gemeinschaftlich ihre Beute oder große Teile Baumaterial zu ihrem Hügel schleppten. Unverständlich bleibt mir, warum Menschen immer wieder die Hügel zerstören. Wut und Trauer über diesen Unverstand erfasst mich auch heute noch, wenn ich einen zerstörten Ameisenhügel sehe. Meine Aufmerksamkeit widmete ich auch immer wieder den Schmetterlingen, Spinnen und anderen Insekten. Alles was >kreucht und fleucht<, wie man damals sagte, fand ich interessant. Bei meinen Beobachtungen kam mir schon manchmal der Gedanke, vielleicht gibt es ja Lebewesen, die uns Menschen gegenüber genau im gleichen Größenverhältnis stehen, wie wir gegenüber den Insekten. Und ich hätte mich gar nicht gewundert, wenn ich mich plötzlich auf einer großen Hand wieder gefunden hätte. Ja, so war es oft, die Fantasie ging bisweilen mit mir durch. Überhaupt, im Gras liegend dem Gesang der Grillen lauschen, den am Himmel ziehenden Wolken nachblicken, den würzigen Duft der Wiesenblumen und Kräuter einatmen und mit keiner Silbe an den Krieg und seinen Folgen denken, das brachte Glücksmomente.

Doch im Sommer 1945 war vieles anders. Das Leben hatte seine gewohnte Bahn verlassen und zeigte, dass es durchaus auch andere Seiten hat. Ich - sicher, nicht nur ich - musste es lernen, mit dem Krieg und seinen Folgen zu leben. Das Erlebte hatte mich schneller reifen lassen. Die kindliche Unbeschwertheit und die kindlich naive Betrachtungsweise, waren mir weitestgehend abhanden gekommen. Ich dachte damals, es würde nun immer so bleiben, mit den Besatzern, den Russen oder Sowjetsoldaten wie sie genannt wurden. Später, in der Schule, kamen dann noch die Bezeichnungen Befreier und Rotarmisten hinzu. Viele Wortbildungen für ein und dieselbe Sache, hatte man sich einfallen lassen. Ich wählte für mich >Sowjetsoldaten< als Bezeichnung. Besatzer wäre auch noch möglich gewesen. Aber die gab es mit anderer Nationalität in anderen Teilen Deutschlands auch. Sie, die Sowjetsoldaten, hatten um die Wohnsiedlung herum ihre Lager aufgeschlagen und führten zunehmend ihr eigenes Leben. Ihre Neugier auf uns, den Siedlungshausbewohnern mit ihren Lebensgewohnheiten, hatte sich etwas gelegt. Zum Anfang hatten sie immer wieder ihre Zweifel darüber zum Ausdruck gebracht, dass es sich bei uns tatsächlich um Arbeiterfamilien handeln könnte. Unser, für sie wohl ungewohnter Wohnkomfort, ließ sie zweifeln. Schließlich kamen sie aus ganz anderen Kulturkreisen.

Aber der Krieg war noch nicht zu Ende. Immer wieder kam es zu Kampfhandlungen zwischen den Sowjetsoldaten und versprengten Resten der deutschen Wehrmacht und der Waffen-SS, die sich in den ausgedehnten Waldgebieten verborgen hielten und nach Westen zu den westlichen Alliierten durchschlagen wollten. Sie sahen es als das kleinere Übel an, dort in Gefangenschaft zu gehen. Schuld daran war wohl die Propaganda der Nazis. Sie hatte den deutschen Soldaten in penetranter Art und Weise erklärt: >>der Russe macht keine Gefangenen, sich ergeben bedeutet den sicheren Tod<<. Das war so natürlich eine Lüge, die aber Wirkung zeigte.

Unser Leben nahm einen eigenständigen Rhythmus an, der schon bald Alltag wurde. An erster Stelle stand die Versorgung mit Lebensmitteln. Die Kriegsschäden an den Häusern mussten behoben werden. Damit hatten die Erwachsenen vollauf zu tun. >>Es nützt nichts, Gejammer hilft nicht, das Leben geht weiter<< oder, >>das Leben muss weiter gehen<<- und >das Leben geht weiter, mit oder ohne uns<, waren oft und gern zitierte Lebensweisheiten.

Wir Kinder stromerten lieber in der Gegend herum. Für uns Halbwüchsige hatte eine gefährliche Zeit begonnen. Herumstehende Kriegstechnik sowie herumliegende Waffen und Munition übten nun mal eine ungeheure Anziehungskraft auf uns aus. So manchem Kind hat dieses gefährliche Spielzeug die Gesundheit oder gar das Leben gekostet. Mahnende Worte und Verbote der Erwachsenen bewirkten da wenig. Immer wieder schlichen wir uns davon, um heimlich dem verbotenen Spiel nachzugehen. Heute weiß ich, wir hatten oft mehr Glück als Verstand, dass uns nichts passiert ist. Einmal hatten wir eine größere Menge Nebelkörper entdeckt und damit die ganze Siedlung in einen orange farbigen Nebel gehüllt. Dann brannte ein Haus ab. Kinder hatten in der Küche mit eben solchen Nebelkörpern gespielt und dabei das Haus in Brand gesteckt. Täglich hörten wir davon, dass Kinder beim Spiel mit Waffen und Munition getötet oder verstümmelt wurden. Eine ebenso beliebte wie gefährliche Beschäftigung war es, das Pulver aus den Gewehrpatronen oder Geschosskartuschen heraus zu holen und in Brand zu stecken. Das war noch eines der harmloseren Spiele. Weitaus gefährlicher war das Hantieren mit Zündern und Sprengkapseln. Wir waren wirklich ahnungslos. Wenn ich heute von Kriegshandlungen in der Welt höre, denke ich zuerst immer daran, welchen Gefahren die Kinder ausgesetzt sind.

Interessant war es auch, sich in unmittelbarer Nähe der Sowjetsoldaten aufzuhalten und ihr Tun und Treiben zu beobachten. Der ihnen anhaftende eigentümliche Geruch nach >Machorka<*, Waffenöl und Schweiß, der von ihren khakifarbenen Uniformen ausging, ist mir noch heute in Erinnerung. Etwas seltsam war auch, dass sie keine einheitliche Kopfbedeckung trugen. Da war alles vertreten, was es an militärischer Kopfbedeckung gab. Stahlhelm, Schirmmütze, Käppi oder gar Pelzmütze, alles war ihnen recht. Hauptsache, der Kopf war bedeckt und sie konnten die Kopfbedeckung in den Nacken schieben. Das war eines ihrer sonderbaren Verhaltensweisen. Es sollte wohl ihre Zufriedenheit zum Ausdruck bringen. Wir hatten bald herausgefunden, dass keine Gefahr drohte, solange sie ihre Kopfbedeckung so lässig trugen. Schoben sie ihre Kopfbedeckung nach vorn, war es besser, man zog sich zurück. In der Regel wurden wir geduldet. Die ihnen nachgesagte sprichwörtliche Kinderliebe war wohl dafür ausschlaggebend. Und

Essen gab es bei ihnen für uns in der Regel auch immer.

Es war Anfang Juli. Wir Kinder hatten uns relativ schnell an die neuen Lebensumstände gewöhnt. So traf mich dann auch die Frage völlig überraschend, ob ich mit *Kleine-Oma* nach Woltersdorf fahren möchte. Kleine-Oma, die Großmutter mütterlicherseits, ich nenne sie künftig der Einfachheit halber nur Oma, war mit dem Pferdewagen gekommen, um nach uns zu sehen. Gerüchte, die Russen hätten in Kummersdorf die Frauen vergewaltigt, erschlagen und die Kinder verschleppt, hatten sie diese durchaus nicht ungefährliche Reise antreten lassen. Sie war erleichtert, als sie feststellte, dass an dem Gerücht nichts dran war. Nach einigem Hin und Her, ich wollte mich nicht entscheiden, wurde entschieden, dass ich mit Oma fahre. Mutter hoffte wohl damit eine Sorge weniger zu haben. So musste sie auf eines weniger ihrer Kinder aufpassen und die Sorge um die Nahrungsbeschaffung erfuhr durch meine Abwesenheit auch Entlastung. Oma nahm mich dann auch mit. Die immerhin achtzehn Kilometer lange Fahrt nach

Woltersdorf verlief ohne größere Zwischenfälle. Wir mussten nur einige Male mit dem Fuhrwerk in den Straßengraben, weil uns die sowjetischen Lastkraftwagen und Panzer den Weg streitig machten. Irgendwann am späten Abend erreichten wir dann aber Woltersdorf, meinen Geburtsort. Die Großeltern bewohnten hier ein kleines Einfamilienhaus mit Nebengelass. Auf den ersten Blick sah man dem Haus sein Alter von über 150 Jahren gar nicht an. Na ja, die Giebel und die Vorderfront waren noch nicht so alt. Die hatte mein Vater schon erneuert. Sie waren in etwa so alt wie ich. Heute steht es nicht mehr. Das Grundstück wurde Anfang der neunziger Jahre verkauft und der neue Eigentümer hat sich ein anderes Haus darauf gebaut. Hinter dem Haus befand sich noch eine Scheune mit eingebautem Stall. Hier wohnte eine Kuh. Sie hieß Liese, wie alle Kühe, die vor und nach ihr den Stall bewohnten. Zwei Schweine, ohne Namen, mehrere Ziegen, Kaninchen, auch Karnickel genannt, und Hühner teilten sich den Rest des Stalls. Die Nachricht über unsere Ankunft, besser gesagt die glückliche Rückkehr meiner Oma, wurden dann im Dorf als kleine Sensation gehandelt und machte schnell die Runde. Offensichtlich hatte keiner damit gerechnet, sie so schnell und unversehrt wiederzusehen.

Mein Leben bei den Großeltern unterschied sich wesentlich von meinem bisherigen. Ackerbau und Viehzucht setzten hier Prioritäten. Ich gewöhnte mich schnell daran und fand auch Gefallen am ländlichen Flair. Nur den Gesprächen, die meine Oma mit den Nachbarn führte, konnte ich zunächst nicht folgen. Ehrlich gesagt, ich habe kaum ein Wort verstanden. Sie sprachen flämingsches Platt, wie ich später erfuhr. Mit der Zeit habe ich es dann verstanden und fand es auch interessant. Ein Satz - ein geflügeltes Wort - ist mir bis heute in Erinnerung geblieben: >>Kinner, Lüde bett, Vadder well det Hus verköpen un uns met<<. Ins hochdeutsche übersetzt hieß es: >>Kinder, Leute betet, Vater will das Haus verkaufen und uns mit<<. Soll wohl in einer kritischen Situation ausdrücken, es hilft nur noch beten.

Bald stellte ich fest, mit dem Krieg ist auch hier noch nicht Schluss. Am Haus meiner Großeltern stand eine

Panzersperre aus Baumstämmen und Sand. Sie hat die Niederlage Deutschlands auch nicht aufhalten können. Die Bewohner hatten sie kurz vor dem Eintreffen der sowjetischen Truppen noch schnell geöffnet, um ihre Häuser zu retten. Eines Nachts wurde sie von durchziehenden deutschen Truppen wieder geschlossen. Das hatte zur Folge, dass die Sowjetsoldaten ihre Beseitigung forderten. Alle Anwohner beteiligten sich nach Kräften am Abbau der Sperre. Auch ich habe geholfen. Zwei Sandhaufen blieben rechts und links der Straße zurück. Für uns Kinder waren sie noch lange Zeit ein beliebter Spielplatz.

Im nahe gelegenen Wald, in Richtung Gottow, gab es unzählige Lager der sowjetischen Truppen. Durch den Ort zogen sie immer wieder neue Telefonkabel. Ein einziger Wirrwarr bunter Drähte. Später, als Soldat, lernte ich, dass es im zweiten Weltkrieg ein traditionelles Mittel zur Nachrichtenübermittlung war und ausgehend vom damaligen Stand der Technik, auch ziemlich sicher vor gegnerischem Abhören gewesen sein soll. Es verging kaum ein Tag, an dem nicht etwas Außergewöhnliches geschah. Einige der Ereignisse und Vorfälle werde ich wohl nie vergessen können. So auch das folgende Ereignis. Die Sowjetsoldaten nutzten zu einem erheblichen Teil Pferdefuhrwerke, die schon erwähnten Panjewagen, zum Transport von Munition und Verpflegung. Den Verlust an Pferden glichen sie aus, indem sie sich neue bei den Bauern holten. Die Bauern nahmen es in der Regel auch ohne Gegenwehr hin. An einem Nachmittag wurden Oma und ich Augenzeugen, wie ein Bauer lautstark um seine Pferde kämpfte, entgegen jeder Vernunft. Als er handgreiflich wurde, haben ihn die Soldaten kurzer Hand erschossen. Es war das erste Mal in meinem jungen Leben, dass ich die Tötung eines Menschen real miterlebte. Ich konnte erst nicht fassen, was ich da sah. Erst haben wir geschwiegen. Oma hat still gebetet. Dann hat sie gesagt: >>*So ein Dummkopf - es ist doch Krieg*<<.

Eines Tages hatte man, in der am Ortsrand gelegenen Getreidemühle >Walkmühle<, drei offensichtlich vergiftete Sowjetsoldaten aufgefunden. Zwei waren schon tot, einer überlebte. Wie immer, nach vermuteten und noch ungeklärten Angriffen auf die Gesundheit oder das Leben der Sowjetsoldaten, wurden die üblichen potenziell Verdächtigen, das waren in erster Linie alle bekannten Parteigenossen der >Nationalsozialistischen Arbeiterpartei Deutschlands<, kurz auch NSDAP genannt, aus ihren Wohnungen geholt und in ein Lager gebracht. Offensichtlich hatte man Mitgliederlisten der NSDAP erbeutet. Lag nichts gegen die Verhafteten vor, kamen sie nach Abschluss der Untersuchungen wieder frei. Nach dem Vorkommnis in der Getreidemühle hatten sie auch Opa abgeholt. Was mich schon wunderte. Auf diesbezügliche Fragen bekam ich aber keine Antwort. Nach einigen Tagen war er wieder zurück. Inzwischen war klar, die betroffenen Soldaten hatten Alkohol aus Getreide gebrannt. Dabei sind sie wohl nicht fachmännisch herangegangen und haben sich schließlich selbst mit dem von ihnen produzierten Methylalkohol vergiftet. In dieser Zeit waren Trinkgelage bei ihnen an der Tagesordnung. Sie feierten wohl den Sieg oder die Tatsache, den Krieg überlebt zu haben. Es war ratsam, ihnen dann aus dem

Weg zu gehen. Sie schossen mit ihren Handfeuerwaffen dabei oft wild herum. Ein Hund, den sie selbst mitgebracht hatten, ging dem einen Soldaten mit seinem Gebell wohl auf die Nerven. Da hat er ihn einfach mit einer Signalpistole erschossen. Den Anblick des sterbenden Hundes habe ich lange nicht vergessen können. Manchmal habe ich geträumt, er ist wieder lebendig geworden und davon gelaufen.

Mutters Eltern betrieben die Landwirtschaft als Nebenerwerb, wie man heute sagen würde. Opa hatte eine feste Anstellung als >Stellwerker< bei der Deutschen Reichsbahn. Oma bewirtschaftete den eigenen Hof und half beim Großbauern. Ja, die Großeltern hatten es nicht leicht. Ihr Leben war Arbeit, und Arbeit war ihr Leben. Aber sie hatten ihr Auskommen, wie man so sagte, wenn einer nicht gerade am Hungertuch nagte. Zu Reichtum kamen sie jedoch nie.

Als frommer Mensch hatte sich Oma, wie es schien, ihrem Schicksal ergeben. Sie arbeitete fleißig auf Hof und Feld und war immer bereit, wenn andere, vornehmlich Großbauer Schulze, um Hilfe riefen. Da blieb, zum Ärger von Mutter, auch schon mal die Arbeit auf dem eigenen Feld oder Hof liegen. Andererseits machte diese Hilfsbereitschaft auch Sinn. Die erbrachten Leistungen ließen sich die Großeltern nicht in Geld, sondern in Naturalien und Leistungen – wie Pflügen und Mähen - vergüten.

Opa hingegen hat sich wohl nie damit abfinden können, wie sein Leben verlaufen ist. Er kam aus recht begüterten Verhältnissen. Doch hatte er nichts davon. Das schmerzte ihn wohl. Seine Eltern hatten in Jänickendorf einen Bauernhof und eine Gastwirtschaft. Hof und Gastwirtschaft wurden seinem ältesten Bruder überschrieben und Opa musste als der Jüngste, wie schon seine anderen Geschwister, den Hof verlassen. Das war damals so Brauch. Ein Bettgestell, Federbett, Wäsche und etwas Geld, war alles was ihm mitgegeben wurde. Seinen Geschwistern ging es materiell besser als ihm. Einige hatten sich wohl gut verheiratet, andere haben einfach mehr Glück gehabt, als mein Opa. Einer seiner Brüder hatte in Luckenwalde eine Gaststätte mit Kino. Das Kino hieß >Gloria< und wurde im Volksmund wegen seiner geringen Größe und seines etwas verstaubten Ambiente >Flohkiste< genannt. Ein weiterer Bruder führte in Berlin ein Tabakgeschäft. Die Schicksale seiner anderen Geschwister sind mir unbekannt geblieben.

Opa war von Kindheit her arbeiten gewöhnt. Gesund und kräftig wie er war, verdingte er sich erst einmal als Helfer auf dem Bau. Er schuftete bis zum Umfallen, wie er es selbst formulierte, wenn er uns aus seinem Leben erzählte. Er wollte es den Seinen beweisen, dass er auf ihre Almosen nicht angewiesen war. Dies ist ihm nüchtern betrachtet dann auch gelungen. Er war hart gegen sich selbst und gegenüber seinen Mitmenschen. Was ihn nicht unbedingt sympathisch machte. Ich hatte Respekt vor ihm, doch geliebt habe ich ihn nicht.

Doch nun zu den Ereignissen im Sommer 1945. An einem schönen Spätsommertag war Oma mit mir auf dem Acker, um noch zu ernten was übrig geblieben war. Viele hatten das Säen und Pflanzen, eine unabdingbare Voraussetzung für das Ernten, auf Grund der Kriegsereignisse unterlassen. Sie und hungernde Menschen aus den Städten bedienten sich, ohne zu fragen, auf den Feldern. Nach der Missachtung von: >>du sollst nicht töten<<*, fiel die Missachtung von: >>du sollst nicht stehlen<<*, nicht sonderlich schwer. Damals fuhr ich noch sehr gern mit zum Arbeiten auf dem Acker. Der Geruch des frisch aufgebrochenen Ackerbodens, der Gesang der auf- und absteigenden Lerchen und das Gesumm der Insekten im Gras, übten eine ungeheure Anziehung auf mich aus. So auch an diesem denkwürdigen Tag. Oma führte das Pferd am Zaum. Da passierte etwas, was den weiteren Verlauf ihres und meines Lebens nachhaltig beeinflussen sollte. Oma wurde vom Pferd auf den Fuß getreten. Erst sah es gar nicht so schlimm aus. Da aber die Wunde nicht ausreichend versorgt wurde, kam es nach einigen Tagen zu einer bösen Entzündung. Oma fiel als Arbeitskraft aus und war für lange Zeit bettlägerig. Selbst alte Hausmittel, wie das Auflegen von Quark oder den Blättern vom Wegerich, haben versagt. Richtig gesund wurde sie eigentlich nie wieder. Zwischenzeitlich hatte Mutter sich entschlossen, zur Pflege von Oma nach Woltersdorf zu ziehen. Mit Hilfe von Nachbarn, Verwandten, Bekannten und geliehenen

Pferdefuhrwerken erfolgte der Umzug. In Erinnerung geblieben ist mir, dass ich den achtzehn Kilometer langen Weg an einem Tag dreimal zu Fuß zurücklegte.

Auf Grund der räumlichen Beengtheit wurde das meiste Umzugsgut erst einmal in der Scheune eingelagert. Ein trauriger Umstand, wenn man bedenkt, wie schwer die Eltern dafür gearbeitet hatten. Das kleine Haus der Großeltern war nun eine einzige Schlafstätte. Nicht für jeden von uns konnte ein Bett aufgestellt werden. Ein Zeichen dafür, dass Mutter sich darüber die geringsten Gedanken gemacht hatte. Das Wohl ihrer Mutter war ihr zu wichtig. Das bedeutete für die Zukunft einschneidende Veränderungen in unserem Leben und unserer Familie. Ich verstand Mutter und akzeptierte das neue Leben.

***

Lernen, lernen und nochmals lernen . . .

Es wurde wieder Herbst. Das Leben begann wieder in feste Bahnen zu laufen. Doch ich ahnte es schon, nichts wird mehr so sein, wie es einmal gewesen ist. Die Schule hatte mit dem Unterricht begonnen. Auf Grund des Mangels an Schülern und der fehlenden Lehrer wurde erst einmal, wie früher, in zwei Klassen unterrichtet. Liebevoll sprach man auch von der >Pantinenschule<. Wohl, weil die Kinder früher in Holzpantinen zur Schule gingen. Wir hatten immerhin Holzschuhe oder Schuhe aus Igelit*, einem Kunststoff, an den Füßen. Für den Winter ließ Mutter, durch Stellmacher und Schuhmacher, in Kooperation Schuhe anfertigen. Auf ein Holzpantinenunterteil kam der lederne Oberbau von alten hohen Straßenschnürschuhen. Die Not machte erfinderisch und wir Kinder hatten warme Füße. Nur, die Schuhe aus Igelit haben sich für den Winter als ungeeignet erwiesen. Bei Frost wurden sie hart und brachen. Leder war knapp. Da war es ein Glück, wenn man alte Militärstiefel oder eine Ledertasche hatte, die zu Kinderschuhen umgearbeitet werden konnten.

Wie erfolgte nun der Unterricht in einer Zweiklassenschule? Die Jahrgänge 1-4 bildeten die erste und die Jahrgänge 5-8 die zweite Klasse. Manchmal, zum Beispiel zum Musikunterricht oder beim Werken, waren wir auch alle in einem Klassenraum. Die Jahrgänge saßen getrennt, damit der Lehrer sie besser auseinander halten konnte. Das war gar nicht so einfach, da sich unter uns auch Flüchtlingskinder befanden, die ihrer Größe nach eigentlich schon zu älteren Jahrgängen gehörten. Auf Grund ihrer Flucht aus der alten Heimat, hatten sie zum Teil mehr als ein Jahr Unterrichtsausfall hinnehmen müssen und mühten sich nun um den Anschluss.

Der Ablauf des Unterrichts war manchmal verwirrend. Eine Gruppe schrieb einen Aufsatz, eine andere machte eine Übung in Rechtschreibung, eine weitere zeichnete und die vierte Gruppe löste Rechenaufgaben an der Tafel. Für die Lehrer war es schier unmöglich, die für das Lehren und Lernen erforderliche Disziplin zu sichern. War der Lehrer damit beschäftigt, einem einzelnen Schüler an seinem Platz Hilfe zu geben, wurde hinter seinem Rücken irgendwelcher Unsinn getrieben. Mit Vorliebe verließen ältere Schüler durch die Fenster das Klassenzimmer und kamen auch so wieder zurück. Viel konnte ihnen nicht passieren. Schläge waren verboten und der Lehrer hatte ohnehin kaum die Übersicht. Hinzu kam, dass es an geeigneten Lehren mangelte. Wir hatten in der ersten Zeit einen älteren Herrn, der schon lange pensioniert war und angesichts der prekären Situation reaktiviert worden war. Am liebsten machte er Musikunterricht und spielte uns auf seiner Geige vor - wenn nicht jemand den Geigenbogen entwendet und versteckt hatte. Als er mit uns das Lied, >>*Alle Vögel sind schon da...*<< einübte, sangen die großen Schüler nicht:

>>*Amsel, Drossel, Fink und Star - und die ganze Vogelschar,*<< sondern, >>*Amsel, Drossel, Fink und Meise – und die ganze Vogelscheiße.*<<

Der Lehrer korrigierte die Schüler mehrmals, ehe ihm dann doch der Verdacht kam, sie wollen ihn ärgern. Er war der Situation einfach nicht mehr gewachsen. Wenn man bedenkt, Unterricht in dieser Form war zur Zeit unserer Eltern an ländlichen Schulen früher die Normalität, dann kommt man ins Grübeln. Na ja, da war der Lehrer auch eine Respektperson. Wenn es nicht anders gelang, dann wurden Zucht und Ordnung mit Rohrstock oder Ohrfeigen durchgesetzt. Ich, mit meinen Erfahrungen aus dem fast zweijährigen Besuch einer Volksschule, war jedenfalls froh, als sich die Verhältnisse änderten. Unsere Schule wurde Zentralschule. Das bedeutete, Kinder und Lehrer der umliegenden Dörfer kamen zu uns und die Jahrgänge wurden in getrennten Klassen unterrichtet.

Nun war unsere Schule aber räumlich viel zu klein. Und so wichen wir in andere Räumlichkeiten, wie den Vereinsraum in der Gaststätte >Zum silbernen Stern<, aus. Der Tanzsaal diente uns auch im Winter als Turnhalle. Auch in den Räumen der leer stehenden >Villa Schlüter<, in der Bahnhofstraße, wurde unterrichtet.

Da viele Lehrmaterialien und Lehrmittel nur einmal vorhanden waren, wurden fachbezogene Räume eingerichtet. Damit waren wir der Zeit weit voraus. Denn Fachkabinette wurden erst viel später erfunden und eingeführt. Wenn nun laut Plan ein notwendiger

Wechsel des Unterrichtsraumes bevorstand, ging die Pausenzeit für den Umzug drauf.

Die Zeit ging dahin und brachte einiges an positiven Veränderungen. So wurde zum Beispiel, das alte Schulgebäude aufgestockt, um zusätzlichen Unterrichtsraum zu schaffen. Wir Kinder durften beim Dachdecken helfen, die Dachziegel nach oben zu transportieren. Dazu bildeten wir eine Kette. Wir saßen rücklings auf einer Leiter, nahmen die Dachziegel dem unter uns sitzenden Schüler ab und gaben sie an den über uns sitzenden Schüler weiter. Keine leichte Sache für uns Kinder. Als die Arbeit fertig war, waren wir ganz schön geschafft, aber auch stolz.

Interessant war auch die Versorgung mit Lernhilfen und Schreibmaterial. Lehrbücher wurden von der Schule gestellt, aber waren in der ersten Zeit nicht in ausreichender Anzahl vorhanden. So mussten sich zwei bis drei Schüler ein Lehrbuch teilen. Notgedrungen hieß das auch, die Schularbeiten gemeinsam zu erledigen bzw. die Bücher auszutauschen. Es fehlte an allen Ecken und Enden.

Schreibhefte, Bleistifte, Federhalter und Tinte waren Mangelware und käuflich nicht oder nur schwer zu erwerben. Wir bekamen sie kostenlos in der Schule. Die Hefte waren oft ohne Linien. Wir verbrachten viel Zeit damit, Linien für das Schreiben und Kästchen für den Rechenunterricht anzufertigen. Zum Anfang erfolgte das noch mühsam mit Hilfe von Lineal oder Buchrücken. Dann bekamen wir Schablonen für das Linienziehen. Füllfederhalter besaßen nur ganz wenige Schüler. Die meisten schrieben mit dem Federhalter. Die Tinte dafür befand sich in kleinen Glasbehältern, Tintenfässer genannt, die in den Schülertischen eingelassen waren. Wenn der Vorrat an Tinte zu Ende ging, wurde nachgefüllt. Zum Auffüllen gingen wir mit unserem Glas nach vorn zum Lehrertisch und holten uns unsere Portion ab. Auf dem Rückweg gab es oft Zusammenstöße und in der Folge blaue Flecken auf der Kleidung. Die Tafelkreide hatte auch lange Zeit eine sehr geringe Qualität. Eingeschlossene kleine Steine verursachten beim Schreiben ein für die Ohren unangenehmes Quietschen. Die Zeit ging dahin. Vieles änderte sich - wurde besser. Anderes brauchte etwas länger, bis es zufriedenstellend wurde.

Besondere Probleme mit dem Lernen hatte ich keine. Besonderen Fleiß habe ich aber auch nicht entwickelt. Stereotyp stand jahrelang etwa folgender Satz in meinen Zeugnissen: >>*Bei mehr häuslichem Fleiß könnten Ottos Leistungen besser sein*<<. Was wussten die Lehrer schon von meinen durchaus beachtlichen Leistungen in Großvaters Landwirtschaft. Na ja, mir war schon klar, sie meinten natürlich meine schulischen Leistungen. Aber, am Ende eines jeden Schuljahres stand auf meinem Zeugnis: >>*In die nächsthöhere Klasse versetzt*<<.

Eines Tages überraschte uns unser Klassenlehrer mit der Frage: >>wisst ihr was ein Pionier ist? << Es meldete sich nur ein Schüler - nämlich ich. Stolz erklärte ich: >>*Mein Vater war als Soldat Pionier*<<. Der Lehrer meinte natürlich etwas anderes. Die Organisation der Jungen Pioniere war gegründet worden. Sie widmete sich der politischen Erziehung der Kinder und kümmerte sich um ihre Freizeit. Ich wurde

Junger Pionier. Insgeheim glaubte ich noch eine Zeit lang an eine Seelenverwandtschaft mit meinem Pionier-Vater.

Die ersten Jahre nach dem Krieg fand an der Schule auch Religionsunterricht statt. Der Pfarrer und ein Katechet bemühten sich, uns die christliche Lehre zu vermitteln. Unser Interesse hielt sich in Grenzen. Das Erlebte hatte zumindest für mich die Existenz eines >Lieben Gott< fraglich, wenn nicht unmöglich erscheinen lassen. Damit stand ich nicht allein da. Und so verließen wir oft unter fadenscheinigen Vorwänden den Unterricht und spielten lieber mit dem Ball. In Mode gekommen war damals das >Köpfen<. Dazu wurden zwei Tore, etwa zwei Meter breit, in circa drei bis vier Meter Entfernung von einander, abgesteckt. Als Torpfosten dienten oft die Schulmappen. Zwei Spieler versuchten wechselseitig einen Tennisball per Kopfstoß in das gegnerische Tor zu befördern. Eben zu >köpfen<. Jede Zeit hat ihre Spiele. Heute spielen die Kinder mit dem Game-Boy oder am Computer. Doch zurück zum Religionsunterricht. Die Teilnahme war Pflicht, wenn man konfirmiert werden wollte. Von

Wollen konnte zwar bei den wenigsten Kindern die Rede sein, aber die Eltern bestanden damals noch darauf. Auch meine Mutter. Als ich einmal vorsichtig andeutete, dass ich keinen Sinn in meiner Konfirmation sehen würde, sagte Mutter: >>*Konfirmiert wirst du auf jeden Fall. Was du später machst, ist deine Sache. Ich jedenfalls möchte mir später keine Vorwürfe anhören müssen*<<. Für mich war klar, nach der Konfirmation ist das Thema Kirche für mich Geschichte. Warum? Während einer Krankheit, die mich wochenlang ans Bett fesselte, hatte ich viel gelesen. Alles was sich an gedrucktem in Hause befand oder von Nachbarn ausgeliehen werden konnte, habe ich einmal oder mehrmals gelesen. In Ermangelung anderen Lesestoffs, hatte ich auch die Bibel mehrmals durchgelesen. Vieles blieb mir dabei unverständlich. Ich hatte Fragen über Fragen. Erst stellte ich sie Mutter und Oma. Aber auf die meisten meiner Fragen wussten auch sie keine mich befriedigende Antwort. Also, was liegt näher als die offenen Fragen Gottes Stellvertreter auf Erden, dem Pfarrer, zu stellen. Es war derselbe, der die Eltern getraut und mich getauft hatte. Als ich wieder zum Religionsunterricht ging, stellte ich ihm meine Fragen. Doch er versagte. Er fühlte sich provoziert und drückte sich um Antworten herum. Mein Bruch mit der Kirche war vorprogrammiert. Ich will es vorweg nehmen. Nach dem der Konfirmation folgendem Abendmahl, habe ich nie wieder an einer kirchlichen Veranstaltung teilgenommen. Als ich volljährig war, erklärte ich, notariell beglaubigt, meinen Austritt aus der Kirche. Aber noch war es nicht so weit

Wir hatten inzwischen nicht nur neue Lehrer, sondern auch Neulehrer bekommen. Nur ganz wenige von ihnen konnten sich durchsetzen. Diese jungen Bürschchen, wie ich sie aus heutiger Sicht despektierlich nennen möchte, hatten kaum eine Chance bei uns. Waren sie doch nur unwesentlich älter als die älteren Schüler. In Schnellkursen hatte man ihnen das erforderliche Fachwissen vermittelt. Sicher waren sie in ihrer Schulzeit gute Schüler gewesen, aber von Pädagogik und Methodik hatten sie kaum einen Schimmer. Von Erfahrung nicht zu reden. Wir Kinder merkten das sofort. Und Kinder können ja so erbarmungslos und grausam sein. Zumindest für einige dieser Neulehrer, muss es die Hölle gewesen sein. Wie fast alle meine Mitschüler, machte auch ich mir damals keine Gedanken darüber. Auch ich war der Meinung, wir lernen sowieso nur für die Lehrer. Wir dachten uns immer neue Streiche aus. Besonders fantasievoll, beim Erfinden immer neuer Dummheiten, war mein Namensvetter und Banknachbar Otto. >Ottchen<, so nannten ihn auch die Lehrer, damit Klarheit darüber bestand, wer von uns beiden gemeint war. Wir hatten die Ehre nebeneinander in der ersten Reihe sitzen zu dürfen. Sicher glaubte man, uns so besser unter Kontrolle zu haben. Ein Irrglaube, wie sich bald zeigte. Da war ein junger Lehrer, der Herr Baziok. Er unterrichtete in den naturwissenschaftlichen Fächern. Mit ihm trieben wir es besonders toll. Bald hatten wir herausgefunden, dass er sich im Unterricht immer auf den Schüler konzentrierte, der den interessiertesten Eindruck auf ihn machte. Wenn ihm bei seinem Vortrag einer zustimmend zunickte, war der Rest der Klasse abgemeldet. Er sprach dann nur noch mit und zu diesem Schüler. Wir anderen hatten unsere Ruhe, was heißen soll, wir hatten keine Fragen zu befürchten.

Gedankenverloren spielte er oft beim Sprechen mit unseren Schreibgeräten und zerbrach schon mal ein Lineal oder einen Stift. Ottchen meinte, er würde es ihm schon abgewöhnen. Immer, wenn der Lehrer sich wieder an unseren Schreibgeräten vergriff, schlug Ottchen mit einem Lineal auf seine Finger. Der Lehrer zog die Hände zurück, sah uns groß an und setzte seine Konversation unbeirrt fort. So ging es manchmal fast die ganze Stunde hindurch. Als das nichts half, weißte Ottchen die Tischkante mit Kreide. Fortan lief der Lehrer oft mit einem weißen Strich am Jackett herum. Ein Zeichen dafür, dass er wieder in der 5. Klasse unterrichtet und mit unseren Schreibgeräten gespielt hatte. Aber er ließ sich einfach nicht vergraulen. Immer wieder stand er vor unserem Tisch und spielte mit unserem Schreibgerät. Aber Ottchen wusste Rat. Wir legten nun keine Schreibgeräte und Hilfsmittel mehr auf den Tisch. Zum Spielen spendierten wir dem Lehrer einige runde Hölzer aus der heimischen Spielzeugkiste. Und siehe da, er nahm sie dankbar an. Das heißt, er betrachtete sie erstaunt, stellte aber keine Fragen.

Als Zentralschule hatten wir keinen gewöhnlichen Schulleiter, wie alle anderen Schulen, sondern einen Rektor. Das war Herr Hagen, ein schon älterer gesetzter Herr. Über seine Herkunft kann ich nichts berichten. Er war plötzlich da. Und so plötzlich verschwand er dann später auch wieder. Verabschiedet hat er sich nicht. Die Abreise war wohl auch mehr eine Nacht- und Nebelaktion. Es hieß, er sei wieder nach Hamburg gezogen, da er dort noch seinen Pensionsanspruch habe. Dazwischen hatten wir eine gute Zeit mit ihm. Bei den Lehrern und Schülern genoss er hohes Ansehen. Wir Schüler mochten ihn sehr. Er stellte hohe Forderungen, war streng und gerecht. Seine Neigung zu außergewöhnlichen Erziehungsmethoden ist mir noch gut in Erinnerung. Einige Schüler waren beim Rauchen erwischt worden. Herr Auhagen, selbst Pfeifenraucher, nahm mehrere Klassen zusammen und forderte die ertappten Raucher auf, mit bereitgestelltem Tabak und Zigarettenpapier, zu zeigen, wie man Zigaretten dreht. Brav kamen sie seiner Aufforderung nach. Dann sollten sie rauchen. Er gab ihnen Feuer und sie machten die ersten Züge.

Doch dann mussten sie fürchterlich husten. Kein Wunder, er hatte getrocknetes Bohnenkraut dem Tabak beigemengt. Dafür mussten sie auch noch den Spott ihrer Mitschüler ertragen.

Oder eine andere Episode: Arthur Wiesing - ein Mitschüler von mir - er war einer von den älteren und damit körperlich kräftigeren Jungen, gefiel es, mir mit einer dünnen Weidengerte um die nackten Beine zu schlagen. Als ich noch überlegte, wie ich flüchten könnte, ertönte plötzlich die Donnerstimme von Herrn Auhagen: >>*Wiesing, komm sofort zu mir*<<. Der Gerufene gehorchte aufs Wort und musste circa eine Stunde Arrest in einem Kaninchenstall absitzen. Herr Auhagen hat den Vorgang wohl zufällig von seiner Lehrerwohnung aus beobachtet.

Herr Auhagen übte mit uns neben der lateinischen Schrift auch die deutsche Schrift. Sütterlin*, wie sie richtig heißt.

> Ich kann diese Schrift noch heute gut lesen. Mit dem Schreiben hapert es mitunter bei einigen Buchstaben. <

Ich kann diese Schrift noch heute gut lesen. Mit dem Schreiben hapert es mitunter bei einigen Buchstaben. Wohl, weil die Übung fehlt. Nutzlos war es nicht, diese Schrift gelernt zu haben. Wiederholt konnte ich in der Vergangenheit meine Kenntnis einsetzen. Unteranderem wurde ich einmal gebeten, ein altes Protokollbuch des Rassekaninchen-Zuchtvereins zu übersetzen.

Es gab auch andere Lehrer, bei denen wir gern Unterricht hatten und denen wir mit Respekt begegneten. Zu ihnen zähle ich Fräulein und Herrn Fleischer. Beide wurden ein Liebespaar und heirateten dann auch bald - zu unserer aller Freude.

 Richtig begeistern konnte mich aber niemand für das Lernen. Herr Bahl war die längste Zeit mein Klassenlehrer. Er hatte an der Wand über der Tafel den Spruch, >>*Wissen ist Macht*<<, angebracht. Auf die Tafel darunter hatte eines Tages irgendein Witzbold geschrieben, >>*Nichts wissen macht nichts*<<. Wir amüsierten uns über das Wortspiel, die Lehrer weniger. Lernen für das Leben – nicht für die Schule hieß es.

Doch wir glaubten, für die Schule zu lernen – nicht für das Leben. Ehrgeizig waren ohnehin nur die Mädchen. Ihre Gier nach guter Benotung war mir ein Rätsel.

Eines Tages erschien ein neuer Schüler in der Klasse. Er war ein Waisenkind und war vom Bäckermeister Sauerteig adoptiert worden. Der neue Mitschüler war ein recht sympathischer Typ. Aber, er kam aus Leipzig und sprach einen für uns kaum verständlichen Dialekt. Was ich lange nicht verstanden habe, er konnte trotz seines sprachlichen Dialekts fehlerfrei hochdeutsch schreiben. Er war überhaupt ein sehr kluger Kopf und zählte stets zu den Besten in der Klasse. Mir reichte es, wenn ich verstanden hatte, was uns gelehrt wurde. Die Benotung war für mich sinnfrei und damit einfach Nebensache. Nur einmal habe ich mich ganz kurz geärgert. Wegen einer Drei (befriedigend) im Fach Deutsch auf dem Halbjahreszeugnis, wurde ich vom Englischunterricht suspendiert. Richtig geärgert hat mich meine damalige Faulheit erst viel später.
In Erinnerung an meine Grundschulzeit sind mir auch die wunderschönen Ausflüge geblieben, die von den Lehrern gemeinsam mit den Eltern organisiert und

durchführt wurden. Ziele waren zumeist der Mellensee, der Spreewald, Blankensee, um nur einige zu nennen. Eine Tradition hatten auch die Theateraufführungen im Rahmen des jährlich stattfindenden Schulfestes und zur Weihnachtsfeier. Das ganze Jahr über wurde geprobt, getextet, sowie Kostüme und Kulissen angefertigt. Wir waren mit großer Begeisterung dabei. Im Laufe der Jahre nahm die Ausstattung der Vorführungen schon fast professionellen Charakter an. Es wurde mit Hintergrundgeräuschen und Lichteffekten gearbeitet. Wir spielten deutsche und russische Märchen. Für mich fiel meistens eine Rolle ab. Ich spielte den Wind in einer Vorführung unter freiem Himmel. Einen Henker in einem Tanzspiel. Und ein Teufelchen in einer getanzten Rahmenhandlung des Stücks >Die Schneekönigin<. Die Lehrer ließen sich immer wieder etwas Neues einfallen. Ich denke gern an diese Zeit zurück.

***

Kaputte Kindheit

Das Jahr 1947 brach an und damit einer der bis dahin kältesten und längsten Winter in diesem Jahrhundert. Mit Temperaturen zwischen -25 und -30 Grad zählte er zu den eisigsten Monaten des Jahrhunderts. Viel hatte nicht gefehlt und mein letztes Stündlein hätte geschlagen. Das hatte aber mit dem extremen Witterungsverlauf nichts zu tun. Es war Anfang Februar und ich hatte schon einige Tage über Schmerzen im Unterbauch geklagt. Dann ging es nicht mehr, ich wurde vom Lehrer nach Hause geschickt. Mutter war der Meinung, ich hätte wohl wieder auf kalten Steinen gesessen und mich erkältet. Also steckte sie mich ins Bett. In der Ofenröhre wurden Kochtopfdeckel erhitzt und damit mein Bauch gewärmt. Die Idee dazu kam von Oma. Ein altes Hausmittel erklärte sie. Es hat in der Vergangenheit in solchen Fällen schon immer geholfen, meinte sie. Es half aber nicht. Im Gegenteil, es wurde immer schlimmer. Ich fantasierte schon im hohen Fieber. So hätten mich Mutter und Oma fast tot gepflegt. Mein Glück war es, dass in der Nachbarschaft ein Arzt einen Krankenbesuch machte. Dazu war er zu

Fuß aus der Stadt gekommen. Er wurde zu meinem Glück konsultiert. Als er mich untersuchte, diagnostizierte er eine bereits sehr fortgeschrittene Blinddarmentzündung. Auf der offenen Ladefläche, des DKW-Tempo Dreiradautos* von Gärtner Labes, wurde ich nach Luckenwalde ins Krankenhaus gebracht. Dort kam ich sofort auf den Operationstisch. Narkotisiert wurde damals noch mit Äther. Ich musste zählen, kam aber nur bis vierzehn. Die Zunge gehorchte mir nicht mehr. Da begann der Arzt mit der Operation. Ich verstand noch was gesprochen wurde. Auch spürte ich einen leichten Schmerz, als der Chirurg seine Arbeit begann. Dann schwanden mir die Sinne.

Als ich wieder zu mir kam war es Nacht und ich verspürte großen Durst. Neben meinem Bett entdeckte ich ein Waschbecken mit Wasserhahn. Ich zog mich hoch und trank ausgiebig Wasser. Ich ahnte ja nicht wie, kritisch mein Zustand und wie, gefährlich mein Handeln war. Der ersten Erleichterung über den gelöschten Durst folgte eine furchtbare Zeit. Ich hatte plötzlich das Gefühl, die Lebensgeister würden mich verlassen und ich drohte in einen Abgrund zu stürzen.

Verzweifelt ruderte ich mit den Armen, um nicht zu versinken. Irgendwie habe ich es dann geschafft und das Gefühl des Versinkens verging. Ich bin dann völlig erschöpft eingeschlafen.

Als ich erwachte, standen viele Leute an meinem Bett. Es war Tag und ich dachte, ich wäre tot. Aber ich lebte. Zwei Wochen habe ich mit dem Tod gerungen. Im Fieber habe ich mich über den riesigen Ofen neben meinem Bett gewundert. Als das Fieber wich und es wieder langsam aufwärts mit mir ging, stellte ich fest, die vermeintlichen Ofenkacheln waren in Wirklichkeit die Scheiben einer Glaswand. Hinter ihr standen zu den Besuchszeiten die Besucher.

Nach der dritten Woche durfte ich die erste feste Nahrung zu mir nehmen. Doch die Freude darüber währte nicht lange. Ungewürzt und ohne Salz schmeckte das Essen einfach nicht. Es gab fast jeden Tag Kohlrüben. Ob püriert, gewürfelt oder in Scheiben geschnitten, der Geschmack blieb der gleiche. Jahrelang konnte ich Kohlrübengerichte nicht ausstehen. Schon der Geruch machte mir zu schaffen. Nach sechs langen Wochen durfte ich endlich nach

Hause. Krankenhausbetten waren knapp. Zu dieser Zeit waren die Krankenhäuser noch stark mit verwundeten Soldaten und Zivilisten aus dem Krieg belegt. Mutter hatte mich mit dem Schlitten abgeholt. Ich war nur noch ein Gerippe und musste das Laufen neu erlernen. Als mein Opa mich so sah, meinte er in seiner charmanten Art: >>*Junge, du siehst ja wie Jesus aus*<<. Ich war ja auch nur noch Haut und Knochen, wie der Volksmund es so schön formulierte.

Mutter zog mich über mehrere Wochen jeden zweiten Tag auf dem Schlitten die drei Kilometer zum Krankenhaus und zurück. Ich hatte immer noch Dränageschläuche in der Wunde und musste zur Kontrolle und zum Verbinden ins Krankenhaus gebracht werden. Die Straßen waren vereist. Da passierte es schon mal, dass beim Ausweichen vor einem Fahrzeug, der Schlitten umkippte und ich im Straßengraben landete. Mit dem Ergebnis, dass die Wunde wieder aufplatzte. Aber irgendwie schafften wir es immer wieder. Langsam erholte ich mich und mit der ersten Frühlingssonne konnte ich dann schon wieder das Haus verlassen. Und eines Tages gelang mir schon ein Spaziergang zu meiner Schule. Als meine Mitschüler mich das erste Mal sahen, guckten sie ganz komisch. Einer meinte: >>*wir dachten, du bist tot*<<. Damit hatten sich meine Chancen sehr alt zu werden schlagartig erhöht. Denn es heißt doch im Volksmund: >>*Totgesagte leben länger*<<.

Rückblickend hätte ich mir eine bessere Kindheit gewünscht. Ich beurteile dabei weniger die objektiven Lebensumstände. Was ich kritisch betrachte, ist das Verhalten der Erwachsenen, uns Kindern gegenüber. Nicht genug, dass wir die traumatisierenden Erlebnisse des Krieges verarbeiten mussten, waren wir den Launen und der Überheblichkeit derer ausgesetzt, die uns eigentlich schützen und behüten sollten. Ein hartes Urteil. Ich schreibe das heute ohne Groll, weil ich die Gründe dafür weniger im Subjektiven sehe. Die Menschen mit ihrem Verhalten und Handeln sind nun mal die Produkte der Verhältnisse und Umstände in denen sie leben. Manchmal waren sie sicher auch einfach überfordert.

Mein Opa tat sich da besonders schwer. In der Regel besteht im Verhältnis Großeltern und Enkel das

Problem ja darin, dass die Großeltern negativ auf die Erziehung der Enkel einwirken, weil sie ihnen großherzig so ziemlich alles durchgehen lassen und sie verwöhnen. Diesen Vorwurf konnte man meinem Opa nun keinesfalls machen. Bei ihm hatten alle auf sein Kommando zu hören. Und wenn einer nicht spurte, das heißt auf ihn hörte, wurde nicht lange gefackelt. Viele Worte waren nicht sein Ding. Da gab es schnell eins hinter die Ohren. Ich konnte es nicht fassen. Waren mir doch solche Erziehungsmethoden fremd. Mutter setzte sich wiederholt mit ihm deswegen auseinander. Ohne Erfolg. Wem es nicht passt, der kann ja gehen, war seine Reaktion.

Das Leben hat ihn hart zu sich selbst und zu seinen Mitmenschen werden lassen. Als Kind habe ich ihn gefürchtet und manchmal auch gehasst. Später tat er mir nur noch leid. Er konnte ungerecht und brutal sein, wenn etwas nicht nach seinen Vorstellungen lief. Ich glaube, er war nicht fähig, sich in die Welt eines Kindes hinein zu denken. Wenn er aus seinem Leben berichtete, war er meistens der Sieger oder andere waren schuld an seinem Missgeschick. Die Geschichte darüber, warum er während seines Militärdienstes nicht Gefreiter wurde, hat er mir unzählige Male erzählt. Er stand wohl kurz vor der Beförderung und hatte schon die Gefreitenknöpfe besorgt. Da passierte es, er wurde zum Ordonnanzdienst eingeteilt und musste Essen servieren. Als er eine Terrine mit Erbsensuppe in den Speisesaal trug, stieß ihn ein ihm nicht wohlgesinnter Unteroffizier und er bekam die Erbsensuppe über seine >Litewka<, wie er die Uniformjacke bezeichnete. Es war ihm nicht möglich die Jacke bis zum festgelegten Termin in Ordnung zu bringen und so wurde es mit seiner Beförderung zum Gefreiten nichts.

Meine Furcht vor ihm und manchmal auch Hass auf ihn hatte ihre Ursache in seinem unbeherrschten und überheblichen Verhalten uns Kindern gegenüber. Es machte ihm offensichtlich Spaß, uns in Situationen zu sehen, die uns völlig überforderten. So mussten wir, bei Arbeiten auf dem Acker oder der Wiese, die vor dem Wagen gespannte Kuh >Liese< beaufsichtigen und die sie peinigenden Dasselfliegen verjagen. Opa gefiel es, unterdessen gemächlich Spaziergänge über Feld und Wiese zu machen. Die Dauer richtete sich danach, wie lange wir die Kuh bändigen konnten. Es dauerte meist auch nicht lange und Kuh Liese ergriff die Flucht. Wir Knirpse hatten nie eine Chance, sie dann aufzuhalten. Bei dem Versuch, es doch zu packen, wurde ich mehr als einmal mitgeschleift. Am Ende war es immer dasselbe, die Kuh wurde eingefangen und bekam von Opa eine ordentliche Tracht Prügel. Uns erklärte er, dass wir zu dämlich wären und in die Baracke gehörten. Damit wir lernen, wo und wie es lang geht im Leben. Damit wir nicht auf dumme Gedanken kamen, sorgte er schon dafür, dass uns nicht viel Zeit zum Spielen blieb. Opa hatte Acker und Wiesen gepachtet und den Viehbestand bis an die Grenze des Machbaren erhöht. Unsere Mithilfe war vorgesehen und wurde auch von uns als Notwendigkeit begriffen. Schlimm war nur, wie es oft ablief. Im Alter von elf und zwölf Jahren halfen Bruder Richard und ich schon mit der Sense beim Mähen der riesigen Wiesen. Wir mussten vor ihm gehen und er drängte von hinten auf das Tempo. Auf Grund unserer nicht ausreichenden Körpergröße, waren wir noch nicht in der Lage, das Sensenblatt mit dem Wetzstein zu schärfen. Da waren wir auf Opas Hilfe angewiesen. Wenn wir ihn darum baten die Sense zu wetzen, war es für ihn oft eine willkommene Gelegenheit uns wieder zu demütigen. Als wenn wir Schuld an unserem körperlichen Unvermögen trugen.

War das Gras gemäht, wurde es in der prallen Sonne solange mit der Harke hin und her gewendet, bis es trocken war. Dann wurde es als Heu auf den Ackerwagen geladen und abgefahren. Danach folgte der unangenehmste Teil der Arbeit. Wir wurden auf den Heuboden geschickt, um das Heu zu packen und festzutreten. Jetzt trat Opa wieder in Aktion. Er passte dann den Moment ab, wenn wir nach vorn kamen, um wieder einen Arm voll Heu zu holen und stieß uns das Fuder vor den Körper. Erst wenn wir heulten wie die Schoßhunde und uns lauthals beschwerten, war er offensichtlich zufrieden. So oft es sich einrichten ließ, sind wir ausgebüxt. Viel lieber sind wir durch die Wälder und Wiesen gezogen, um uns an der Natur zu erfreuen. Haben Stichlinge und Kaulquappen gefangen, die Frösche und Vögel beobachtet oder waren nur so mit unseren Schulfreunden zusammen. Das

>Donnerwetter<, das es gab, wenn wir nach Hause kamen, haben wir ertragen.

In den Sommermonaten haben wir sehr gern die größeren Jungen begleitet, denen schon das Hüten der Kühe der Großbauern zugetraut wurde. Kühe hüten, das war für uns überhaupt das Größte. Die Hütejungen teilten mit uns das vom Bauern mitgegebene Essen und wir übernahmen dafür bereitwillig Hüteaufgaben. Mit von den Vätern oder Großvätern entwendeten Zigaretten, Zigarren oder losen Tabak in einer Tabakpfeife, unternahmen wir die ersten Rauchversuche. Es war herrlich so am Feuer zu sitzen und sich wie die Cowboys im Wilden Westen zu fühlen. Ich wurde älter und kam in das Alter, in dem man mir das alleinige Hüten der Kühe zuzutrauen schien. Die einstmals empfundene Wildwestromantik verlor sich jedoch bald. Allein mit einer Herde von dreißig bis vierzig gefräßigen Ungeheuern, die es immer wieder auf die für sie verbotenen Ackerflächen mit Rüben und anderen Kulturen abgesehen hatten, und die mir dann, wie einmal geschehen, auch noch meine Vesperstullen weggefressen haben, brachten schnell die

Ernüchterung. Das war auch der Grund dafür, dass mein Leben als Hütejunge nur einen Sommer dauerte. Nicht immer erweist sich das Angestrebte nach seinem Erreichen auch als das Ersehnte.

Wenn wir nach dem Schulbesuch nach Hause kamen, lag oft schon ein Zettel auf dem Tisch. Da stand dann drauf, wo unser Einsatz erwartet wurde. Schnell wurde noch das Mittagessen aufgewärmt und gegessen, dann ging es aufs Feld hinaus, wo wir schon sehnsüchtig erwartet wurden. Sehr oft waren auch nur abgekochte Kartoffeln da und wir, mein Bruder Siegfried und ich, machten uns Bratkartoffeln. Im Gegensatz zu den Kohlrüben habe ich mir Bratkartoffeln nie über gegessen. Noch heute zählen sie zu meinen Lieblingsgerichten. Mit meinem Bruder habe ich mich damals wegen einer weggegessenen Pfanne Bratkartoffeln schon mal geprügelt.

Der Gerechtigkeit halber sei angemerkt, wir haben in dieser schweren Zeit nie gehungert. Selbst in Zeiten, da das Essen auch bei uns noch knapp war. In Erinnerung ist mir noch eine Szene aus dem Herbst 1945. Die Großeltern, Mutter und wir drei Kinder saßen um den Tisch, es gab Pellkartoffeln mit Sahne. Naja, Sahne war es nicht. Es war bestenfalls sahniger Quark. Es war das übliche Abendessen. Denn, Brot stand zu dieser Zeit nicht immer zur Verfügung. So wurde ein grobes Leinentuch auf den Tisch gelegt, die Pellkartoffeln darauf geschüttet und die Schüssel mit der vermeintlichen Sahne in die Mitte gestellt. Jeder hatte einen Teller und ein Messer. Zum Trinken gab es Milch und Malzkaffee. Einmal sagte Bruder Richard wohl etwas zu laut: >>*gib mir mal die Sahne rüber*<<. Opa mahnte, nicht so laut zu sprechen, es brauche doch niemand wissen, dass wir Sahne essen.

In den Jahren danach, es wurde schon wieder ein Schwein gefüttert, haben wir regelmäßig im Januar oder Februar geschlachtet. Für mich unvergessene Höhepunkte aus der Zeit meiner Kindheit. Das >Schlachtfest<, wie es hochtrabend genannt wurde, unterlag unverrückbaren Regeln und wurde, jedenfalls nach Opas Ansicht, >generalstabsmäßig< geplant und vorbereitet. So wurde in den Wochen vor dem Schlachtfest wurde immer wieder das Gewicht des Schweins geschätzt. Jeder hatte seine eigene

Meinung. Erst wenn die Mehrheit sich auf ein Gewicht geeinigt hatte, das die Festlegung eines Schlachttermins rechtfertigte, wurde eine Transportbox für Schweine ausgeliehen. Sie wurde auf eine Waage gestellt und das Schwein hineingetrieben. Das lief nicht ohne Geschrei unsererseits und Quietschen seitens des Schweins ab. Ergab das Wiegen ein zufriedenstellendes Ergebnis, wurde die Schlachtgenehmigung eingeholt und mit dem Hausschlachter ein Termin vereinbart. Schon Tage vor dem Schlachttermin stieg die Erwartung und Spannung. Die Vorbereitungen erreichten die Endphase. Es wurde abschließend geprüft, ob genug Salz, Gewürze, Därme für die Wurst, Gefäße usw. vorrätig waren. Eine Leiter und Stricke wurden bereitgelegt. Der Fleischbeschauer, der das Fleisch auf eventuellen Trichinenbefall untersuchen sollte, wurde bestellt. Am Abend vor dem Schlachttag wurde dann noch der Schnaps kaltgestellt, der Waschkessel mit Wasser gefüllt und das erforderliche Heizmaterial bereitgestellt.

Der Ablauf am Schlachttag war immer gleich und hat

sich im Verlauf der Jahre bei mir fest eingeprägt.
Nachdem der Schlachter, es war in der Regel Nachbar
Stange, erschienen war, wurde das Schwein aus dem
Stall geholt und mit einem Hinterbein an eine Angel des
Scheunentores festgebunden. Opa hielt dem Schwein
das Schlaggerät auf die Stirn und Schlachter Sange
schlug mit der Breitseite eines großen Beils darauf. Im
günstigsten Fall fiel das Schwein nach dem ersten
Schlag betäubt um und wurde abgestochen. Das
musste schnell gehen. Das Blut wurde in einem Eimer
aufgefangen und wir Kinder mussten es solange
rühren, bis es genügend abgekühlt war und nicht mehr
zur Gerinnung neigte. War das Schwein ausgeblutet,
wurde es mit brühend heißem Wasser begossen und
die Borsten abgeschabt. Erst mit eigens dafür
angefertigten Blechtüten. Dann wurde noch mit einem
scharfen Messer nachgearbeitet. War dies erledigt,
wurde das Schwein kopfüber am Torbalken
hochgezogen und an eine schräg gestellte Leiter
gelehnt. Nun begann die Schwerstarbeit für den
Schlachter. Er entfernte alle Innereien. Diese wurden
gereinigt und zur weiteren Verarbeitung bzw.

Verwendung bereitgelegt. Wir Kinder pendelten als Transporteure in dieser Zeit ständig zwischen Schlachtplatz auf dem Hof und der Küche.

War das Schwein dann, in für seine weitere Verarbeitung günstigen Stücke zerlegt, war ein wesentlicher Teil der Arbeit geschafft. Die Erwachsenen genehmigten sich erst einmal einen tüchtigen Schluck aus der Schnapsflasche.

Wenn das Fleisch und die Innereien im erforderlichen Maße abgekühlt waren, ging es am nächsten Morgen ans Wurstmachen. Wir schafften die Wurst, die gekocht werden sollte, zum Kessel und fädelten die für das Räuchern vorgesehenen Würste auf die Räucherhölzer. Irgendwann war es dann so weit, das Wellfleisch war fertig. Es wurde ebenso wie einige gekochte Stücke der Leber in Scheiben geschnitten und mit einer großen Portion Hackepeter sowie Brot serviert. Alle langten nun kräftig zu. Ein erneuter Schluck aus der Schnapsflasche rundete das Essen ab – für die Erwachsenen. Viele Einzelheiten habe ich weggelassen. Natürlich gibt es weitaus mehr Handlungen bei so einer Hausschlachtung. Auch ist das Ganze nicht mit dem hier geschilderte abgeschlossen. Das Räuchern der Würste und der Schinken, das Einlegen des Pökelfleisches das Haltbarmachen der Blutwurst als so genannte Topfwurst und, und, und... sind da noch zu erwähnen. Für uns Kinder waren die Hausschlachtungen immer ein großes Erlebnis der besonderen Art.

Bedeutsame Erlebnisse waren auch unsere geburtshelferischen Einsätze, wenn Liese, die Kuh, abkalbte. Oft musste das Kalb mit einem Strick, das ihm schon im Mutterleib je nach Lage um die Vorder- oder Hinterbeine gelegt wurde, geholt werden. Da spielte es keine Rolle, dass wir noch Kinder waren, wir wurden gebraucht. Mit Fug und Recht kann ich behaupten, wir Kinder vom Land waren sehr eng mit der Natur verbunden.

Und dann waren da noch Opa und seine Pferde - ein besonderes Kapitel. Bei der Anschaffung eines solchen Objekts ging es zu wie heute auf dem Gebrauchtwagenmarkt. Viel Pferd für wenig Geld, das war Opas Devise. Am Ende kam er aber immer mit einem >Klepper< nach Hause. Die Arbeit, die diese

Pferde leisten sollten, konnten sie beim besten Willen nicht erbringen. So waren sie auch nach einem Jahr in der Regel reif für den Rossschlächter. Nur einmal war es etwas anders. Opa hatte von seinem Bruder, dem Gastwirt und Kinobetreiber ein Pferd gekauft. Opa ist nicht müde geworden, festzustellen, dass die 1000 Mark, die er dafür hingegeben hatte, gut angelegt seien. Leider hatte das Pferd sein Leben lang nur einen Kutschwagen ziehen dürfen und somit absolut keine Erfahrung als Ackergaul. Deshalb stellte es sich auch sehr ungeschickt an, wenn es mal kritisch wurde. In Erinnerung ist mir noch ein typisches Ereignis. Beim Holzabfahren aus dem Wald schaffte das Kutschpferd es nicht, den vollgeladenen Wagen durch eine sandige Stelle auf dem Weg zu ziehen und blieb stehen. Nun trat Opa in Aktion. Als gutes Zureden nicht zum gewünschten Ergebnis führte, kam die Peitsche zum Einsatz. Das Pferd sprang ins Geschirr und die Stränge rissen. Es dauerte einige Zeit bis Opa begriff, dass der Wagen um einen Teil der Ladung erleichtert werden musste.

Es gab aber auch Situationen, die Kopfschütteln bei mir

hervorriefen. Opa war mit Pferd und Wagen im Wald und wollte Kiefernstubben roden. Mutter hatte mich zur Hilfe hinterher geschickt. Als ich im Wald ankam, traute ich meinen Augen nicht, was ich sah. Opa mühte sich damit ab, einen freigelegten Stubben aus dem Loch zu wuchten und das Pferd graste am Wegesrand. Opa war nicht dazu zu bringen, das Pferd zum Herausziehen der Stubben einzusetzen.

Wenn Opa mal kein Pferd im Stall hatte und die Kuh Liese nicht zu Verfügung stand, weil sie kurz vorm Kalben war, mussten wir Jungs zum Futter holen vor den >Hundewagen<. In der Regel zogen wir brav den Wagen und Opa schob von hinten kräftig mit. Aber wehe, wir kabbelten uns mal in unserem kindlichen Übermut und vergaßen das Ziehen. Im günstigsten Fall gab es eins hinter die Ohren. Einmal hat er unsere Köpfe so stark zusammengeschlagen, dass ich Sterne sah. Ich weiß nicht, was in ihm vorging. Rückblickend betrachtet, war er ein sehr gefühlsarmer Mensch. Er hat nie erfahren, wie Enkel ihre Großeltern lieben können. Die Tatsache, dass wir die Schule besuchen mussten und Zeit für die Erledigung der Hausaufgaben benötigten, interessierte ihn kaum. Wenn er einmal über seine Schulzeit sprach, war meistens von den Schlägen die Rede, die es damals reichlich gab und die niemandem geschadet hätten.

Die Hausaufgaben, die wir in der Schule bekamen, erledigte ich fast immer ohne Hilfe und Kontrolle. Ich empfand das keinesfalls als Mangel. Es war mir als notwendiges Übel einfach nur lästig. Neues war da selten zu erarbeiten. Fast immer war es die Wiederholung des im Unterricht schon durchgenommen Stoffs. Der Sinn dieser Übungen wollte mir nicht einleuchten. Einmal lesen oder hören reichte mir, um den Stoff einigermaßen zu beherrschen. Kreativität wurde nur sehr selten gefordert. Der Unterricht war hauptsächlich Wissensvermittlung und Kontrolle dessen, was bei uns hängen geblieben war. Und so entschied ich für mich, welche der Aufgaben ich erfüllte und welche nicht. Das gab zwar Ärger in der Schule, aber das war mir egal. Ab dem sechsten Schuljahr hatte ich dann die Lehrer so weit, dass sie von mir keine Hausarbeiten mehr forderten. Ihre Argumente überzeugten mich nicht. Ich beherrschte den Unterrichtsstoff im erforderlichen Maße und war jederzeit in der Lage, die Aufgaben im Unterricht an der Tafel zu lösen. Als ich dann noch Ohrenzeuge eines Gesprächs zwischen meinem Klassenlehrer und meiner Mutter wurde, in deren Verlauf meine Mutter erklärte, sie habe keine Zeit sich um die Schularbeiten zu kümmern, war für mich klar, ich hatte nichts mehr zu befürchten. Ich machte nur noch so viel wie notwendig war, um meine Versetzung in die nächste Klasse zu sichern. Mein Lieblingsfach war Zeichnen. In diesem Fach hatte ich das einzige >Sehr gut< auf meinem Abschlusszeugnis. Aufsätze schrieb ich gern. Da konnte ich meiner ausgeprägten Fantasie freien Lauf lassen. Mathematik und Russisch mochte ich am wenigsten.

Dass meine Faulheit mit einer niedrigen Benotung bestraft wurde, störte mich damals nicht. Bereut habe ich meine Faulheit etwa dreißig Jahre später. Aber, das ist schon wieder eine andere Geschichte.

Die Beschreibung meiner Kindheit wäre unvollständig, wenn ich nicht auf meine körperliche Entwicklung oder soll ich besser schreiben - meine pubertäre Phase -

eingehen würde. Auf Grund des täglichen Umgangs mit den Tieren war uns schon klar, wie die Fortpflanzung wohl auch bei den Menschen erfolgte. Zeugung und Geburt hatten wir Landkinder im Tierreich schon oft selbst miterlebt. Darüber hinaus gab es auch noch unsere Lehrerin, Fräulein Neumann, die uns, zum Entsetzen einiger Eltern, über die Beziehungen der Geschlechter zueinander und die biologischen Zusammenhänge der Zeugung von Leben aufklärte. Sie hatte es mit uns nicht allzu schwer.

Wie meine Altersgenossen, beobachtete ich mit zunehmendem Interesse die Mädchen. Und da gab es dann schon Situationen, in denen ich mich als ritterlicher Beschützer aufspielte. Die Mädels ihrerseits flirteten uns Jungs gegenüber auch im zunehmenden Maße.

Es kam die Zeit, in der ich mich intensiver für meinen Körper zu interessieren begann. Es war im Sommer beim Baden im Flüsschen Nuthe, als es zum gemeinschaftlichen Masturbieren kam. Initiator war wieder einmal Ottchen. Ich gehörte zu den drei Jungs, bei denen es nicht zum Samenerguss kam. Was ich natürlich als Mangel auffasste und was mir Anlass zum fleißigen Üben war. Als das Üben dann zum Erfolg führte, war ich erschrocken, enttäuscht und fühlte mich schlecht. Eine positive Folge hatte das Ganze aber doch. Der schmerzhaften Beseitigung einer Phimose* brauchte ich mich später nicht unterziehen.

Im Allgemeinen nutzten wir aber unsere knapp bemessene freie Zeit sinnvoller. Immer dann, wenn ich irgendwie Zeit für mich ergattern konnte, bastelte ich mit einigen Schulkameraden an Radios und ähnlichen Geräten herum. Wir bauten uns Detektorempfänger* und freuten uns über jeden Sender, den wir empfingen. Oft saßen wir stundenlang unter unseren Kopfhörern und wetteiferten um den besten Empfang. Dabei war es uns nicht wichtig was wir hörten, sondern, dass wir etwas hörten. Immer wieder besorgten wir uns, bei Radio-Richter in Luckenwalde, neue Kristalle, um die Empfangsqualität zu erhöhen. Wenn man dazu nun bedenkt, dass wir heute über Satellit und Internet Fernsehbilder empfangen können und ich für das Schreiben dieser Zeilen einen Computer benutze. Oma war damals schon >der Radrio<, wie sie das

Radio nannte, unheimlich. Sie hat die Bedienknöpfe nie berührt. Da hat sie immer gewartet, bis einer kam, der das Radio bedienen konnte.

Ja, meine Oma. Oma war eine herzensgute Frau, die man auch schon mal vor sich selbst schützen musste. Nicht nur, dass sie alles stehen und liegen ließ, wenn Großbauer Schulze um Hilfe rief. Sie gab auch das letzte Essen, wenn Leute bettelnd am Tor standen. In der Regel war das Hoftor deshalb auch verschlossen. Aber einmal war doch ein Berliner bis in die Küche vorgedrungen und bot ein Buch für einen Teller Suppe. Oma hatte gerade Grünen-Bohnen-Eintopf gekocht. Oma ließ sich erweichen und ich kam zu meinem ersten Buch – >Der Waldläufer<. Es handelte von Indianern und Trappern und war spannend geschrieben. Ich habe es mehrmals gelesen.

Eine typische Erscheinung in der Zeit nach dem Kriegsende waren die Stromsperren. In den so genannten Hauptbelastungszeiten wurde für die privaten Haushalte der Strom abgeschaltet. Dafür gab es in der Regel feste Zeiten, aber oft geschah es auch ohne Vorwarnung. Dann saßen wir im Dunkeln. Aber Not macht ja bekanntlich erfinderisch. Nachdem die letzten >Hindenburglichter<* aufgebraucht waren, wurde ein >Fidibus*< als Lichtquelle benutzt. Opa fertigte sie selbst aus Kienholz an. Bald gab es auch Petroleum auf Zuteilung und die Petroleumlampe kam in Mode. Leider war der Brennstoff oft von so minderer Qualität, dass er nur schwer entzündbar war, die Lampen blakten und es stank fürchterlich.

Ein weiteres Kapitel war die Versorgung der Bevölkerung. Denn Nahrung, Kleidung und Brennstoffe waren sehr knapp. Mit der Rationierung hatte man aus der Kriegszeit schon einschlägige Erfahrung machen können. Und so gab es für die wichtigen Dinge des täglichen Bedarfs bald Bezugsscheine. Für Nahrungsmittel gab es die Lebensmittel-Grundkarte, für feste Brennstoffe die Kohlenkarte, für Raucher die Tabakkarte. Und es gab Bezugsscheine für allerlei knappe Dinge.
Bei der Zuteilung wurden mannigfaltige Unterschiede gemacht. Es gab solche für Normalverbraucher, Schwer- und Schwerstarbeiter, Teilselbstversorger und

Selbstversorger, um nur einige zu nennen. Die Karten wurden auch gern als Druckmittel missbraucht. Wenn Appelle an die Bevölkerung nicht halfen, wurde schon mal mit dem Entzug der Lebensmittelkarte gedroht. Da gab es Einsätze zur Säuberung der Wälder von Munition und Kriegsschrott, die Impfpflicht, das Absammeln von Kartoffelkäfer und ihren Larven auf den Äckern und vieles mehr.

 Opa und Oma hatten Acker und Viehhaltung und galten so automatisch als Teil-Selbstversorger. Ihnen stand nur eine kleine Lebensmittelkarte zu. Mutter und wir Kinder bekamen die Lebensmittelgrundkarte. Bald gab es neben den Zuteilungen auch frei verkäufliche Waren. Die Preise dafür waren um ein Vielfaches höher. Kurios war die Bezahlung in den Gaststätten. Für ein Essen wurden vom Gast neben der Bezahlung noch Fleisch- und Fettabschnitte der Lebensmittelkarte abverlangt. Der Kellner kam also nicht nur mit seiner Geldtasche, sondern auch mit einer Schere zum Kassieren.

***

Hier endet der Rückblick in die Kindheit.

Wann ist eigentlich die Kindheit vorbei? Wer bestimmt, dass man kein Kind mehr ist? Für die Eltern bleibt man natürlich immer das Kind.

***

Start in ein selbstbestimmtes Leben!?

Wann ist man erwachsen? Wenn man die Schule verlässt, sicher noch nicht. Automatisch wird man es auch nicht.

Aber ab wann? Ich denke, sobald man aktiv an der Schaffung seiner Existenzsicherung mit arbeitet. Und das beginnt ja in der Regel mit dem Eintritt ins Berufsleben. Der soziale Status Kind zu sein, hört auf. Man darf sich jetzt zu den Jugendlichen – oder Jungerwachsenen – zählen. Eine andere Etappe des Lernens beginnt.

***

Der Lauf des Lebens …

*>Der Sinn meines Lebens scheint mir darin zu bestehen -
hinter den Sinn meines Lebens zu kommen. <*
-Erwin Strittmatter-

Lehrjahre sind keine Herrenjahre

Im Sommer bin vierzehn Jahre alt geworden. Endlich
ist es so weit Wie habe ich diesen Tag herbeigesehnt.
Ich muss nicht mehr die Schule besuchen.
Erleichterung darüber, aber auch Neugierde über das
was nun kommen wird, hat mich erfasst. Mutter hat sich
gegenüber Großvater durchgesetzt. Sie besteht darauf,
dass ich erst einmal einen Beruf lerne. Wenn es nach
dem Willen meines Großvaters geht, würde er meine
Arbeitskraft gern landwirtschaftlich nutzen. Lehre heißt
zwar auch lernen, aber ich bin mir sicher, dass dies
etwas anderes sein wird, als das bisherige schulische
Lernen. Eigentlich möchte ich Elektriker werden, aber
eine Lehrstelle ist nicht zu bekommen. Elektromeister
Kittel hat schon einen Lehrling aus dem Vorjahr und
einen zweiten kann er nicht einstellen. Ich hadere noch
mit meinem Schicksal, da hat Mutter schon

entschieden: „du wirst Maurer, wie dein Vater". Sie hat sich in der Verwandtschaft umgehört und hat eine Lehrstelle im >VEB Kreisbaubetrieb< gefunden. Ich muss mich wohl fügen- und ich füge mich.

Am 15. September 1951 besteige ich mein Fahrrad Marke Eigenbau und strampele die siebzehn Kilometer in Richtung Jüterbog bis zum festgelegten Treffpunkt Gaststätte >Hausteklust<. Es haben sich noch zwölf >Lehrlinge in spe< eingefunden. Als alle anwesend sind, wird uns mitgeteilt, dass wir auf einem Lehrlingsbauhof in Jüterbog ausgebildet werden. Das ist eine Neuerung im System der Berufsausbildung, wird uns erklärt. Uns ist es recht. Wir können es sowieso nicht ändern.

Wir lernen unsere Ausbilder, die Herrn *Hecht* und *Scherz* kennen. Schon die ersten Tage zeigen, Herr Hecht ist ein sehr angenehmer, weil witziger Zeitgenosse. Dagegen pflegt Herr Scherz mehr die autoritäre Art im Umgang mit uns. Wir lernen uns kennen und akzeptieren. Optimistisch sehen wir in unsere gemeinsame Zukunft. Jetzt macht sogar die

Theorie Spaß. Neben der praktischen Ausbildung mit Stein und Mörtel, erhalten wir nämlich eine umfassende theoretische Ausbildung. Das ist so eigentlich nicht üblich. Da die fachlich-theoretische Ausbildung in der Berufsschule erfolgt, doppelte sich vieles. Aber das ist nicht von Nachteil für uns. So sind wir den Lehrlingen aus anderen Betrieben in der Theorie stets einen Schritt voraus.

Der Berufsschulunterricht erfolgt in der Kreisstadt Luckenwalde und ich finde in erträglich. Den Unterricht in den allgemein bildenden Fächern finde ich nicht ganz so toll. Er erinnerte mich sehr an die Grundschule, die ich gerade hinter mir habe. Zwei Ereignisse sind symptomatisch für den Besuch der Berufsschule.
- Zum einen das obligatorische und kostenlose Pausenfrühstück, das es immer in der ersten großen Pause gibt. Aus dem Angebot wählte ich stets die Leberwurstsemmel. Sie schmeckt einfach köstlich.

- Zum anderen die überraschenden Einsätze in der Kartoffelernte im Herbst. Da aber immer mehr Schüler am Einsatztag, aus den unterschiedlichsten und meist fadenscheinigen Gründen, den Unterricht schwänzen, erfahren wir neuerdings vom Einsatz erst nach der ersten Unterrichtsstunde. Wir werden auf LKW verladen und ab geht es auf den Fläming* hinter Jüterbog. Nicht selten müssen wir am Abend sehen, wie wir wieder nach Hause kommen. Entweder sind wir zu spät an der festgelegten Sammelstelle für den Rücktransport oder es kommt kein Fahrzeug.

Die Einsätze selbst finde ich gar nicht so schlecht. Dem Schulbetrieb ziehe ich sie allemal vor. Ungeachtet dessen klopfe ich auch diese dummen Sprüche: >Lasst doch die die Kartoffeln einsammeln, die sie gelegt haben, die wissen doch wo sie sie suchen müssen<. Oder:> Wieso müssen wir Kartoffeln sammeln? Wir kaufen unsere Kartoffeln im Konsum<.

Am liebsten sind mir aber die Tage auf dem Lehrbauhof. Wir sind ohne Ausnahme eine prima Truppe und verstehen uns sehr gut. Seltsamerweise gibt es den obligatorischen Außenseiter nicht. In der Schule gab es in jeder Klasse einen Pausenclown oder einen Schüler der von fast allen, wegen irgendeiner Unzulänglichkeit die ihm eigen war, gehänselt wurde.

Jetzt sind noch zwei Mädchen dazu gekommen. Abiturientinnen, die im Anschluss an die Lehre ein Architekturstudium aufnehmen wollen. Da sie nett sind und auch noch gut aussehen, haben sie es richtig gut bei uns. Aber auch in der praktischen Arbeit stehen die beiden Mädels ihren >Mann<.

Im ersten Lehrjahr üben wir Mauern, Putzen und Pflastern. Praktisch alle Arbeiten, die dem aktuellem Berufsbild des Maurers entsprechen und deren Beherrschung die Grundlage für das Geldverdienen sind. So sagen es uns unsere Ausbilder. Sie sagen aber auch, dass noch einiges mehr dazu gehört und der Spaß am Arbeiten sich auch in Grenzen halten kann. Um diese Erfahrung selbst machen zu können, haben wir aber noch etwas Zeit. Und so haben wir erst einmal Spaß an der Arbeit und der Ausbildung. Wir erlernen zunächst die Handhabung unserer wesentlichen handwerklichen Hilfsmittel: der Maurerkelle, der Wasserwaage, des Senklot, der Maurerschnur und des Maurerhammer. Sie und unsere Berufskleidung verwahren wir in einem Rucksack.

Bei den Maurerarbeiten auf dem Lehrbauhof verarbeiten wir eine besondere Mörtelmischung, sogenannten Aschebinder, der sich immer wieder verwenden lässt. Das heißt, wir reißen die mit viel Fleiß errichteten Bauwerke nach ihrer Fertigstellung wieder ein. Die Steine werden gesäubert. Der nicht ausgehärtete Mörtel wird unter Zugabe von etwas Wasser wieder so geschmeidig gemacht, dass er sich wieder gut verarbeiten lässt. Ganz schön schlau ausgedacht.

Mir macht die Ausbildung Spaß und ich komme gern zur Arbeit. Auch die Arbeitspausen sind spannend. Da werden die Brote ausgepackt und der Belag verglichen. Das hat seinen Grund. Auf Grund der Versorgungslage gibt es wenig Abwechslung zwischen den Brotscheiben. Die Brüder Ingo und Horst haben sehr oft Lachsschnitzel als Belag, den sie kaum noch sehen mögen. Bei den anderen Pausenbroten geht das Angebot über Käse, Wurst vom Fleischer oder aus der Hausschlachtung und süßem Brotaufstrich. Es wird munter getauscht. So kommt Abwechslung in den Ernährungsalltag. Am höchsten stehen die Produkte aus der individuellen Hausschlachtung im Kurs, mit denen unteranderem ich dienen kann.

Interessant sind auch die täglichen Fahrten nach Jüterbog. Der Lehrbauhof befindet sich am Stadtrand von Jüterbog, unweit der Fernverkehrsstraße 101, in Richtung Luckenwalde. Bei gutem Wetter radele ich oft die 18 Kilometer mit meinem Fahrrad. Als Alternative bleibt mir die Bahnfahrt, plus eines circa halbstündigen Fußmarschs durch die Fuchsberge, vorbei an den Unterkünften der sowjetischen Offiziere. Morgens ist das kein Problem. Zum Feierabend ergeben sich oft Probleme pünktlich am Bahnhof zu sein. Einmal hilft es uns, wenn der Zug eine Verspätung hat. Das andere Mal ergibt eine Zugverspätung zusätzliche Wartezeit, manchmal bis zu zwei Stunden.

Um die Wartezeit zu überbrücken, kommen wir auf die absurdesten Ideen. Da werden dann schon mal die dümmsten Wetten abgeschlossen. Für ein Stück Streuselkuchen zum Beispiel wird von Kloster–Zinna bis Forst-Zinna auf dem Trittbrett des Personenzugwagens mitgefahren. Es ist ein immens gefährliches Unternehmen, ähnlich dem in Mode gekommenen S- Bahnsurfen. Eine andere Wette bezieht sich darauf, wer als Erster unten vor dem Bahnhofsgebäude in Luckenwalde ankommt. Da kommt vor, dass einer hektisch entgegen der Fahrtrichtung aus dem einfahrenden Zug springt und sich wie ein Hase überschlägt.

Das erste Lehrjahr ist relativ schnell zu Ende gegangen. Wir haben viel gelernt. Uns hat es viel Spaß gemacht und wir sehen optimistisch in die in die Zukunft.

Im zweiten Lehrjahr ist vieles anders. Die Ausbildung erfolgt nun hauptsächlich auf Lehrlingsbaustellen. Was wir bauen, wird nicht wieder abgerissen. Das machte uns stolz. Systematisch verrichten wir alle Arbeiten, die auf einer Baustelle anfallen. Von der Baustelleneinrichtung bis zur Bauübergabe erleben wir alles unmittelbar. Ich finde, es ist eine sehr sinnvolle Methode. Wir wissen es auch zu schätzen, wenn wir von den Lehrlingen aus anderen Betrieben hören, wie ihre Ausbildung in den Brigaden bzw. Kolonnen auf dem Bau an der Seite der Altgesellen erfolgt. Großartig erklärt wird da nichts. Sie müssen sich die Fertigkeiten durch Abgucken und Nachahmen aneignen. Auch werden sie immer wieder zu Tätigkeiten herangezogen, die mit der Ausbildung kaum etwas oder nichts zu tun haben. Aufräumen, Handreichungen, Bierholen usw. gehört zu ihren Pflichten und macht den Hauptteil ihrer Tätigkeit im ersten Lehrjahr aus. Da haben wir es eindeutig besser getroffen.

Der Sommer 1952 zeigt sich von seiner besten Seite, als wir wieder eine Lehrlings- Baustelle beziehen. Unser Lehrlingsbau ist aber ein eher bescheidenes Projekt. Wir haben die Aufgabe, für das Pferd eines Siedlers, einen Stall zu errichten. Das Ganze bereitet uns keine allzu großen Schwierigkeiten und bald ist das Richtfest angesagt. Unser erstes Richtfest - wir sind gespannt. Der Bauherr lässt sich nicht lumpen und hat ordentlich Getränke und Speisen aufgefahren. Auch wir lassen uns nicht lumpen und langen ordentlich zu. Am Ende sind nicht nur wir in Hochstimmung, auch die Hühner torkelten über den Hof. Wir haben sie mit in Schnaps getränktem Brot gefüttert. Vielleicht legen sie jetzt Cognakeier.

Herr Hecht hat durchsickern lassen, dass einer von uns >nass< gemacht wird. Das heißt, er soll betrunken gemacht werden. Auch so ein zweifelhafter Brauch auf dem Bau. Ich denke, er hat wohl den *Dicken Busse* im Visier und merkte anfangs nicht, dass er es auf mich abgesehen hat. Sein ständiges Prost Otto macht mich dann doch stutzig. Und ich halte mich mit dem Trinken zurück.

Als es Zeit wird die Heimfahrt anzutreten, stellt sich heraus, dass einige Lehrlinge Probleme haben ihr Fahrrad zu besteigen. Auch ich brauche etwas Hilfe. Dann bin ich los geradelt und auch gut zuhause angekommen.

Am nächsten Tag zeigt sich, es nicht allen gelungen. Der Dicke Busse hatte den geistigen Getränken ebenfalls heftig zugesprochen und musste die fünf Kilometer bis zu seinem Heimatort Gottow radeln. Auch er bekam Hilfe beim Besteigen seines neuen Simson-Fahrrades. Aber er musste dann unterwegs schon vorzeitig vom Rad und konnte es ohne Hilfe nicht mehr besteigen. Den Rest des Weges ist er dann, sein

Fahrrad hinter sich her ziehend, gelaufen. Das Fahrrad sieht dementsprechend aus. Es ist fast Schrott.

Mit dem Pferdestall sind wir fertig. Nach einigen Tagen auf dem Lehrbauhof steht das nächste Projekt an. Eine größere Sache. Das kann spannend werden.

In Lüdersdorf sollen wir einen Experimentalbau errichten. Ein Verwaltungsgebäude für eine MTS* (Maschinen- und Traktorenstation) soll in Lehmstampfbauweise* gebaut werden. Eine alte und schon aus der Mode gekommene Technologie. Wir sind mächtig neugierig.

Aber bevor wir mit der praktischen Arbeit beginnen, machen wir geschlossen Urlaub. Wir wollen die Sächsische Schweiz mit dem Fahrrad erkunden. Immerhin haben sich neun waghalsige Pedalritter bereit erklärt, das Unternehmen anzugehen. Die Mädels passen, ihnen ist das Vorhaben zu anstrengend, begründen sie ihre Zurückhaltung. Naja, eine leichte Übung wird es nicht werden. Kaum einer der Teilnehmer verfügt über ein geeignetes Fahrrad. Auch ich trete die Reise mit meinem >Drahtesel Marke

Eigenbau< an. Gesundheitslenker und Damensattel bringen mir viel Spott ein. Ich ertrage ihn tapfer. An einem schönen Sommertag, um sechs Uhr in der Frühe, starten wir. Die Jugendburg Hohenstein ist unser Ziel. Dort haben wir für 1 Mark pro Tag 10 Tage Vollpension gebucht.

Meine ganze Ausrüstung besteht aus etwas Verpflegung für die ersten Tage, 30 Mark Bargeld, Wolldecke, Zeltbahn mit militärischem Vorleben sowie Wäsche zum Wechseln.

Am ersten Tag schaffen wir immerhin ungefähr 150 Kilometer bis Dresden –Sebnitz. Quartier beziehen wir in Zelten, die wir aus den mitgeführten Zeltbahnen bauen und in einem Gartenpavillon mit Heu. Freundliche Sachsen haben uns dazu eingeladen. Sie sind beeindruckt von unserem Unternehmungsgeist.

Am nächsten Morgen geht die Fahrt weiter. Etappenziel ist die Burg Königstein. Hier beziehen wir für die nächsten drei Nächte Quartier in einer Jugendherberge. Das kostet 50 Pfennige pro Person und Nacht. Verpflegen müssen wir uns selbst. Wir unternehmen die ersten Erkundungen ins Elbsandsteingebirge. Unteranderem besichtigen wir die Burg Königstein und unternehmen ausgiebige Wanderungen zu Fuß.

Auf der Burg erfahren wir, dass die Burg eigentlich eine Festung Königstein ist und zu den größten Bergfestungen Europas zählt. Sie liegt inmitten des Elbsandsteingebirges am linken Ufer der Elbe. Das fast 10 Hektar große Plateau erhebt sich circa 240 Meter über die Elbe. Die 300 - 400 Jahre alten Bauten zeugen vom militärischen und zivilen Leben auf der Festung. In der Mitte befindet sich ein über 150 Meter tiefer Brunnen. Der die Festung umlaufende Wallgang misst knapp 2000 Meter.

Dann beziehen wir Quartier auf der Jugendburg Hohnstein. Sie liegt auf einer harten Sandsteinplatte 140 m über dem Polenztal.

Zur Geschichte der Burg Hohnstein ist mir nur bekannt, dass die Nationalsozialisten sie einige Jahre als Konzentrationslager genutzt haben. Und es soll nur einem einzigen Menschen gelungen sein, unbemerkt von den >Burgherren<, die Burg von außen zu erklettern und wieder zu verlassen.

Uns gefällt es sehr gut hier. Die Verpflegung ist hervorragend. Jeden Tag ist etwas los. Liederabende am Feuer, Sport und Spiele im Burggarten. Wir sind uns einig, besser hätten wir es nicht treffen können. Wenn mal keine Veranstaltung im Angebot ist, finden wir gesellige Mitbewohner, um den Abend zu genießen.

Eines Abends spielen wir im Burggarten mit einem Ball, bis dieser über den Zaun fliegt. Auf der Suche nach ihm, komme ich an eine Felsenrinne. Ich will in ihr herunter klettern, komme ins Rutschen und stürze in die Tiefe. Als ich keinen festen Boden mehr unter meinen Füßen fühlte, verliere ich das Bewusstsein. Als ich wieder zu mir komme, befinde ich mich auf dem Waldboden unterhalb der Burg.
Ich muss schon einige Zeit dort liegen, denn es dauerte nicht lange und meine Freunde kommen den Waldweg herunter und finden mich. Sie sind mächtig aufgeregt. Es stellt sich heraus, dass ich, von einigen Hautabschürfungen abgesehen, keine Verletzungen

habe. Sicher haben die dicht stehenden Fichten meinen Sturz gebremst. Alle sind erleichtert. Einige haben nicht daran geglaubt, mich noch lebend zu finden. Aber, wie ich schon einmal bemerkt habe: >Totgesagte leben länger<.

Nach und nach erkunden wir die gesamte Sächsische Schweiz. Alle ohne Hilfsmittel zu erkletternden Felsen werden von uns bestiegen. Wir befinden uns wie in einem Rausch. Wir genießen unglaublich schöne Aussichten, beobachten den Sonnenaufgang, den Sonnenuntergang und finden immer neue Ziele für unsere Wanderungen und Klettertouren. Es sind bleibende Eindrücke, die ich mitnehme. Leider besitzt keiner aus unserer Gruppe einen Fotoapparat. Und so gibt es auch keine Erinnerungsfotos. Es ist ein herrlicher Urlaub.

Aber jeder, noch so schöne Urlaub geht einmal zu ende. Morgen müssen wir die Rückfahrt antreten und haben beschlossen, sie in einem Ritt zu bewältigen. Es ist Sonntag und wir starten um fünf Uhr in der Frühe. Wir sind gerade mal sechs Kilometer weit gekommen, da bricht an meinem Fahrrad das rechte Pedal ab. Ein kleiner Stummel verbleibt mir zum Treten des Pedalarmes. So schaffe ich es bis zum nächsten Ort und finde Hilfe bei einem Schlosser. Die Hilfe kostet mich meine letzte Barschaft.

Der weitere Verlauf der Fahrt zeigt, dass wir an unserem Vorhaben wohl doch etwas zu optimistisch herangegangen sind. Einige unserer Pedalritter werfen vorzeitig das Handtuch. Sie setzen den Rest der Reise mit der Deutschen Reichsbahn fort. In die Gefahr aufzugeben, gerate ich nicht. Ich habe kein Geld für die Fahrkarte. Und so kommt mir der Gedanke, die Fahrt mit der Bahn fortzusetzen, auch gar nicht. Je näher wir den heimatlichen Gefilden kommen, je mehr zerfällt unsere Radlergruppe. Als ich als Alleinfahrer über den flämingschen Höhenrücken bei Hohenahlsdorf komme und die Türme der Jüterboger Kirche sehe, steige ich erst einmal vom Fahrrad und lege eine Gedenkminute ein. Ich habe es fast geschafft. Noch ungefähr 25 Kilometer trennen mich von meinem Heimatort. Jetzt kommt mir der Gedanke, warum soll ich nicht in Jüterbog-Neumarkt einen Stopp machen und

Verwandte besuchen. Mutter hat dort eine Cousine wohnen. Ein kurzer Stopp wird mir gut tun. Ich werde freudig begrüßt und muss von der Radreise berichten. Es bedarf keiner großen Überredungskunst durch die Verwandten und ich bleibe erst einmal über Nacht. Daraus werden dann drei Tage, ehe ich meine Fahrt fortsetzen kann. Der Grund, die Fahrradbereifung ist am Ende. Beide Reifen sind platt. Ich werde mit dem Flicken der porösen Schläuche nicht fertig. Ersatz gibt es nicht. Mit mehrmaligem Nachpumpen schaffe ich dann die letzten 20 Kilometer noch. Vom Radfahren habe ich erst einmal genug.

Wenige Tage nach meiner Rückkehr ist der Urlaub zu ende und wir beginnen mit dem Experimentalbau in Lüdersdorf. Da Radfahren für mich nicht infrage kommt, fahre ich mit der Bahn bis Trebbin. Dann geht es zu Fuß und per Anhalter weiter. Es zeigt sich, dass ich nicht der einzige Pedalritter bin, der sein Fahrrad und sein Gesäß schont. Zwei Teilnehmer der Urlaubsfahrt haben das gleiche Problem.

Als wir morgens pfeifend über die Landstraße ziehen, rufen uns Leute aus einer Gärtnerei zu: >>*Vögel, die in der Früh singen, holt abends die Katze<. Wir lachen fröhlich und setzen unseren Marsch zügig fort. Denn ein altes Sprichwort lautet: >Wer reisen will, geh steten Schritts. <<*

Wir haben gerade die Ortsgrenze von Trebbin passiert, da hält ein Lieferwagen und wir dürfen auf der offenen Ladefläche mitfahren. Kurze Zeit später sind wir in Lüdersdorf, Der Fahrer des Lieferwagens dreht eine elegante Kurve vor dem Dorfkonsum und da passiert es. Der Lieferwagen kippt um und wir fliegen im hohen Bogen auf die Straße. Ein Traktorfahrer kann gerade noch bremsen, sonst hätte er uns überfahren. Bin ich dem Tod schon wieder von der Schippe gesprungen?

Auf der Baustelle, die etwas außerhalb des Ortes liegt, werden wir schon erwartet. Wir berichten von unserem Abenteuer. Alle sind froh, dass wir mit dem Schrecken davongekommen sind. Nun beginnt ein neues Abenteuer. Zuerst wird die Baustelle besichtigt. Wir sehen nichts als eine leere Fläche. Hier soll das von uns zu errichtende Verwaltungsgebäude in absehbarer Zeit stehen? Es bedarf allerhand Fantasie, sich das vorzustellen. Wir begreifen, jetzt wird es ernst. Unser Wissen wird auf den Prüfstand gestellt. Diesmal ist es kein popliger Pferdestall. Schon die Bauzeichnung ringt uns Hochachtung ab. Einige sind auch der Meinung, das ist eine Nummer zu groß für uns. Dann werden wir uns aber einig, die Herausforderung anzunehmen. Packen wir es an. Was haben wir gelernt? Bevor mit dem Bau begonnen werden kann, sind eine Baubude und eine Baustellentoilette zu errichten. Und das machen wir dann auch so.

Das Vermessen der Baustelle und das Setzen der Schnurböcke haben wir auf dem Lehrbauhof oft geübt und machen uns keine Probleme. Auch die Arbeit mit dem Nivelliergerät klappt problemlos.

Wir gehen daran die Baugrube auszuheben. Alles in Handarbeit mit Schaufel und Schubkarre. Technik in Form von Bagger und Förderband stehen nicht zur Verfügung. So müssen schon unsere Großväter gearbeitet haben. Aber wir sind eifrig bei der Sache und haben auch noch genügend Witz und Zeit, so manchen

Schabernack zu treiben. Es dauert dann volle zwei Wochen, bis die Grube ausgehoben ist.

Richtigen Spaß haben wir beim Mauern der Kellerwände. Das Besondere an den Wänden ist ihre enorme Stärke von 0,92 m. Sie bilden die Auflage für die in der Lehmstampfbautechnologie zu errichtenden Wände. Bei der Lehmstampfbauweise wird schichtweise erdfeuchter Lehm in vorbereitete Schalungen für Wände eingefüllt und anschließend festgestampft. Die Einfülltiefe beträgt pro Schicht etwa einen halben Meter. Zur Stabilisierung der Lehmmasse wird Stroh untergemischt. In unregelmäßigen Abständen werden Mauerziegel eingearbeitet, die als Putzträger dienen. Der Lehmbau gilt als eine der ältesten Bautechnologien. In Mitteleuropa gilt Lehmbau heute als eine ökologische Naturbauweise, die immer mehr an Bedeutung gewinnt. In Abweichung von der traditionellen Technologie, werden durch uns die Tür- und Fensterlaibungen als Ziegelmauerwerk errichtet. Für uns eine neue Technologie. Der Einsatz so genannter Tür und Fensterlehren hält zurzeit Einzug in der Bauindustrie. Es macht bei der Fertigung von

Ziegelmauerwerk den Einsatz von Wasserwaage und Senklot weitestgehend entbehrlich.

Beim Mauern bietet sich so manche Gelegenheit für Schabernack. Unter Bauarbeitern verbietet es ein ungeschriebenes Gesetz, Werkzeug auf der Mauer liegen zu lassen. Geschieht es trotzdem, weil es ein Kollege mächtig eilig hat auf die Toilette zu kommen, hat er Pech. Den mit viel Witz ausgestatteten Erzählungen des Herrn Hecht, über die Bräuche auf dem Bau, haben wir entnommen, Werkzeug der Kollegen darf unter keinen Umständen angefasst werden. Es ist ein Tabu. Was sollen wir also machen? Die Ziegel werden passend zugeschlagen und das auf der Mauer liegende Werkzeug fein säuberlich ummauert. Wenn der Unglücksrabe zurückkommt, staunt er nicht schlecht. Hat er Glück, ragt noch ein Teil des Arbeitsgerätes aus der Mauer heraus. Wenn nicht, ist Suchen angesagt. Einem alten Brauch folgend, versenken wir auch unsere abgenutzten Holzpantinen und alles was ausgedient hat, im Mauerwerk.

Die Arbeitszeit vergeht jetzt wie im Fluge. In der Zeit auf dem Lehrbauhof habe ich öfter den Feierabend herbeigesehnt. Unangenehm ist der weite Weg zwischen der Baustelle und dem Bahnhof in Trebbin. Nicht immer bietet sich eine Mitfahrgelegenheit. Herr Scherz logiert die Woche über im Dorfgasthof. Er überzeugt uns davon, es ihm gleich zu tun und besorgt uns eine Möglichkeit für die Übernachtung. Unsere Verpflegung ist, was das Mittagessen anbetrifft, über die Betriebskantine der MTS sichergestellt. Für Frühstück und Abendessen müssen wir selbst sorgen. Morgens gibt es bei mir fast ausschließlich Kunsthonig auf Weißbrot. Dazu eine Flasche Milch. Nach Kunsthonig bin ich zurzeit wohl richtig süchtig. Da wir nach Feierabend noch bei den Bauern schalwerken, ist das Abendessen auch gesichert. Schalwerken ist ein spezieller Begriff der Bauleute. Man kann auch Schwarzarbeit dazu sagen. Es wird geduldet und ist gängige Praxis. Man darf den Baubetrieben nur nicht in die Quere kommen, das heißt die Aufträge wegnehmen. Mangel an Aufträgen haben wir nie. Der eine Bauer hat eine Wand zu ziehen, der andere eine abzureißen. Für uns gibt es Arbeit in Hülle und Fülle. Herr Scherz muss uns bremsen, damit wir uns nicht körperlich übernehmen. Schließlich braucht er uns mit unserer Arbeitskraft auf der Baustelle. Damit er nicht jedem hinterher laufen muss, setzt er täglich für zwanzig Uhr eine Skatrunde an. Gegen zweiundzwanzig Uhr liegen wir dann regelmäßig in den Betten. So lehrt er uns nebenbei Ordnung zu halten und Disziplin zu üben. Uns ist es recht.

Für mich kann ich feststellen, die Lehrzeit ist eine der schönsten Abschnitte meines bisherigen Lebens. Diese Unbeschwertheit, mit der ich das Leben genieße, habe ich bisher noch nicht kennen gelernt. Einerseits mache ich mir kaum Sorgen darüber was morgen ist. Sorgen ist vielleicht auch nicht der richtige Ausdruck. Andererseits weiß ich, der Mensch ist nie mit dem zufrieden was er hat. Und da mache ich auch keine Ausnahme. Auch habe ich irgendwo mal gehört oder gelesen: >>*in der Unzufriedenheit mit dem Erlangten und dem daraus resultierende Streben nach Höherem liegen die Wurzeln von Fortschritt und Vorankommen im Leben.* <<

Gefällt mir. Ich bemühe mich, danach zu handeln und zu leben. Und das ist doch schon mal etwas.

Wir sind mit unserer ersten ernsthaften Baustelle fertig und mächtig stolz auf unsere Leistungen. Aber zum Freuen bleibt nicht viel Zeit, der nächste spezielle Auftrag wartet schon auf uns. In Luckenwalde errichten wir eine Betriebsberufsschule für die MEWA, einer Metallwarenfabrik. Neu für uns ist, dass wir jetzt einen Aufzug einsetzen, für den Transport des Baumaterials auf die Rüstung. Die >Hexe<, wie das Gerät genannt wird, will natürlich jeder von uns bedienen. Mir gelingt es nur einmal diesen Posten zu ergattern.

Zusammen mit dem dicken Busse bin ich jetzt für das Eisenbiegen und Flechten der Stahlarmierung für Fensterstürze und Treppen eingeteilt. Beim Biegen der Armierungseisen geht es sehr primitiv zu. Es gibt zwar bereits Eisenbiegevorrichtungen, aber wir machen es wie unsere Väter. In eine Arbeitsplatte aus Holzbohlen werden Metallstifte eingeschlagen und die Armierungseisen mittels eines aufgeschobenen Stücks Wasserleitungsrohr in die gewünschte Form gebogen. Wir arbeiten arbeitsteilig. Der Dicke Busse ist der kräftigere von uns beiden und arbeitet als Bieger. Meine Arbeitsgeräte sind Bauzeichnung, Zollstock,

Metallstifte und Hammer. Für die Flechtarbeiten werden uns Hilfskräfte zugeteilt. Es kommt Neid auf. Aber den ertragen wir.

Wir lernen eine weitere Neuerung in der Bauindustrie kennen. Die Fertigung von Decken aus Fertigteilen. Vorgefertigte Spannbetonträger und Hohlkörper, die aus Ziegelbruch und Beton angefertigt werden. Interessant für uns. Doch wie immer fehlt die erforderliche Technik. Da kein Kran zur Verfügung steht, müssen wir die schweren Betonträger per Hand an Ort und Stelle bugsieren. Stiele für Mörtelspaten sind die einzigen Hilfsmittel. Wir kommen uns vor wie die Pyramidenbauer im alten Ägypten. Als ich mir einen Finger verletze, kommt unter den Ausbildern Hektik auf. Ich werde genötigt, nicht über meine Verletzung zu reden und auch keinen Arzt etwas über die wahren Ursachen der Verletzung zu sagen. Wir Lehrlinge hätten gar nicht für diese Arbeit eingesetzt werden dürfen. Ich habe mich darauf eingelassen. Ich möchte nicht, dass meine Ausbilder Probleme bekommen. Ich weiß nicht ob meine Entscheidung gut oder blöd ist. Im August 1954 beende ich die Lehre. Die theoretische

Prüfung habe ich hinter mir. Es ist besser gegangen als ich dachte. Heute haben wir Grund zum Feiern. Es stand die praktische Prüfung an. Meine Aufgabe ist es gewesen, eine Ecke und einen Fenstersturz zu mauern. Beides ist mir gut gelungen. Die Facharbeiterprüfung, oder Gesellenprüfung, wie wir sie auch nach Art unserer Väter nennen, absolviere ich mit gutem Ergebnis und darf mich ab sofort Maurer nennen. Darauf bin ich auch ehrlich stolz.

Nun, so glaube ich, geht das große Geldverdienen los. Auf den Baustellen an der Seite der Altgesellen arbeiten und endlich zeigen können, was wir gelernt haben, davon träumen wir schon lange Zeit. Es kommt anders. In die Brigaden, in denen das Geld verdient wird, schaffen es nur die körperlich stärksten Junggesellen. Dazu zähle ich leider nicht. Mit noch acht >Hänflingen< wird eine Jugendbrigade gebildet und ich zum Jugendbrigadier bestimmt. Und damit änderte sich für mich einiges grundlegend in meinem Leben. Mit der Unbeschwertheit ist es erst einmal vorbei.

Neben der Arbeit auf dem Bau gibt es da noch meine Hilfe in der Landwirtschaft meines Großvaters und andere Verpflichtungen, die ich übernommen habe. Zum Beispiel mein Einsatz bei der Freiwilligen Feuerwehr. Einer Tradition folgend und der Notwendigkeit gehorchend, bin ich bei der Freiwilligen Feuerwehr in meinem Heimatort Woltersdorf mit fünfzehn Jahren Feuerwehrmann geworden. Wir treffen uns regelmäßig zur Wartung der Löschtechnik und zu Übungen und erhalten eine Ausbildung in der Bekämpfung von Bränden und dem vorbeugenden Brandschutz. Es macht mir Spaß und ich bin mit Eifer dabei. Es gibt auch mal einen ernsthaften Einsatz. In den meisten Fällen sind es Strohmieten oder der Wald, die brennen. Nichts wirklich Aufregendes. Das hat sich geändert. Die Luckenwalder Berufsfeuerwehr leidet chronisch an Personalmangel. Also fordert sie Verstärkung bei den Freiwilligen Feuerwehren an. Mein Schulfreund Ottchen und ich sind sofort bereit für einen solchen Einsatz. Für mich hieß es, dass ich in den Einsatznächten auf der Feuerwache in Luckenwalde schlafen muss – oder darf. Am Tage, vorausgesetzt, wir haben keinen Einsatz gehabt, gehen wir unserer Arbeit im Betrieb nach.

Als wir den ersten nächtlichen Alarm haben, weiß ich erst gar nicht wo ich bin. Von der Alarmglocke hochgetrieben stehe ich neben meiner Liegestatt und muss mir erst klar werden, wo ich bin. Dann ist aber alles klar, ich schlüpfe in die Stiefel und ab geht es ins Löschfahrzeug.

In der Zeit unserer Einsätze haben wir schon einige spektakuläre Brände erlebt. Der erste Löscheinsatz erfolgte in Dahme/Mark, es brannte die Gaststätte Dalichow. Wir hatten bei der Anfahrt Schwierigkeiten mit dem Motor unseres Löschfahrzeuges. Als wir am Brandort ankamen, waren schon fünf oder sechs Freiwillige Feuerwehren aus Dahme und den Nachbarorten dabei, das Gebäude mit Wasser voll zu pumpen. Uns blieb nur noch die Aufgabe, größeren Wasserschaden zu verhindern und den Brandherd zu sichern. Als ich meine erste Pause erhielt und das Gebäude verließ, hörte ich plötzlich ein anschwellendes Rauschen hinter mir. Instinktiv bin ich nach vorn gesprungen. Fast wäre ich unter den herunterfallenden

Dachziegeln begraben worden. Der Schreck ist mir, im wahrsten Sinne der Worte, in die Glieder gefahren. Mir zitterten ordentlich die Knie.

Eines Nachts sind wir auf dem Fläming im Einsatz. Eine Feldscheune, in der Getreide lagerte, ist in Brand gesteckt worden. Die Täter, Vater und Sohn, haben wir bei der Gelegenheit gleich dingfest machen können. Später heißt es, sie hätten es für Geld, im Auftrag einer in Westberlin ansässigen Organisation getan.

Auf unserer Rückfahrt erreicht uns ein neuer Einsatzbefehl. Das Volltuchwerk in Luckenwalde steht in Flammen. Es gehört zur höchsten Gruppe der kategorisierten brandgefährdeten Objekte des Kreises Luckenwalde. Viel ist für uns auch hier nicht mehr zu tun. Da bei dem mehrstöckigen Gebäude die Zwischendecken und Fußböden aus Holz bestehen, sind die Maschinen nicht zu retten. Ich bilde mit einem Berufsfeuerwehrmann einen Angriffstrupp und arbeite das erste Mal, wegen der enormen Hitze am Brandherd, mit dem Sprühstrahlrohr. Mit Leinen gesichert, gehen wir in das Innere des Gebäudes. Damit man uns im Notfall herausziehen kann.

Für unseren Einsatz werden wir gelobt, ausgezeichnet und auch befördert. Und so kommt es, dass Ottchen und ich schon mit siebzehn Jahren auf Vorschlag der Berufsfeuerwehr zum Hauptfeuerwehrmann befördert werden. Unserem Wehrleiter gefällt das gar nicht. Anstatt stolz auf seine Männer zu sein, lässt er Neid erkennen. Na ja, verstehen kann man ihn. Ist er selbst doch auch erst Hauptfeuerwehrmann. Kurze Zeit später wird er zum Unterlöschmeister befördert, da ist die Welt für ihn wieder in Ordnung.

Mein Cousin zweiten Grades, Hans, in Insiderkreisen >Der Lange< genannt, nimmt mir das Versprechen ab, nach Ableistung des Wehrdienstes, den Dienst bei der Berufsfeuerwehr aufzunehmen.

Selbst für mich überraschend bin ich Freizeitfußballer geworden. Eigentlich habe ich keine Lust darauf, dem Ball hinterher zu jagen. Im Gegensatz zu Bruder Siegfried, der mit dem Fuß gegen alles tritt, was annähert rund ist. Mich interessiert das Motorradfahren mehr. Dazu bietet sich die Gelegenheit bei der Gesellschaft für Sport und Technik*, kurz GST genannt.

Auf unserem Betriebsgelände, im Stammbetrieb in Luckenwalde, finden regelmäßig Übungsstunden statt. Als ich eines Abends, es ist schon dunkel, von einer Übungsstunde mit dem Fahrrad nach Hause fahre - in Gedanken sitze ich noch auf dem Motorrad -fahre ich fast in eine Gruppe Jugendlicher. Es waren die Jugendfußballer des örtlichen Fußballvereins. Sie sind über mein Erscheinen höchst erfreut. Einer meint: >Wenn man vom Teufel sprich, ist er nicht weit<. Was mich sehr wundert. Wie sie mir sagen, haben sie sich gerade daran erinnert, dass ich beim Fußballspiel in der Schule im Tor gestanden habe und die Lösung ihres Torhüterproblems sein könnte.

Dass ich im Tor gestanden habe, stimmt schon. Nur, im Sportunterricht habe ich mich immer gern in die unbeliebte Torhüterrolle drängen lassen, weil ich zu faul war, dem Ball hinterher zu jagen. Ins Tor wollte freiwillig keiner der anderen Mitspieler.

Ich sträube mich ein wenig, diese Aufgabe zu übernehmen. Aber bald gehen mir die Argumente aus und ich lasse mich überreden, am Sonntag probeweise als Torhüter die Mannschaft zu verstärken. Ein wenig stolz bin ich schon darauf, dass man mir so viel Vertrauen schenkt. Und so habe ich mein Debüt als Torhüter. Da so schnell kein Spielerpass für mich zubekommen ist, spiele ich erst einmal unter falschem Namen. Man ruft mich Jochen, denn der vorgelegte Spielerpass lautet auf den Namen Jochen Wildbach. Das Spiel findet in Frohnsdorf statt. Frohnsdorf liegt zwischen Jüterbog und Treuenbritzen. Wir reisen mit dem Zug an. Etwas aufgeregt bin ich schon. Es quält mich der Gedanke, ob ich die übernommene Aufgabe auch meistern werde. Auf keiner Position steht man so im Fokus wie als Torhüter. Wird ein Spiel nicht verloren, ist alles in Ordnung. Kannst du dein Tor nicht rein halten und das Spiel geht verloren, fühlst du dich richtig mies. Wir haben das Spiel mit 1:3 verloren. Ich habe mich wahrlich nicht mit Ruhm bekleckert und habe den größten Anteil an der Niederlage. Doch meine Mitspieler werden nicht müde mich zu loben. Sie sind wohl eher froh, einen für die ungeliebte Position des Torhüters gefunden zu haben und wollen mich nicht verlieren.

Und so bleibt es erst einmal dabei. Fleißiges Üben,

gepaart mit zunehmender Erfahrung aus der
Spielpraxis, lassen mich zu einem recht guten Torhüter
reifen. Wir werden Kreismeister.

Meine Karriere als Torhüter findet dann ein jähes Ende.
Nach einem Tritt in den Bauch, werde ich bewusstlos
vom Platz getragen. Noch wochenlang habe ich mit
den Nachwirkungen zu kämpfen. Auch kann ich mich
einfach nicht mehr dazu überwinden, mich so
unerschrocken wie früher ins Kampfgetümmel zu
werfen. Ich gebe die Torhüterrolle auf und werde
Abwehrspieler. Dann wechsele ich noch für kurze Zeit
den Verein und spiele in Luckenwalde bei der BSG
Fortschritt. Harald Nitschke, >Westler< sein Spitzname,
hat mich dazu überredet. Er stammte ursprünglich aus
Luckenwalde und hat noch Verbindung dahin. Hier
spiele ich hauptsächlich in der Abwehr und - obwohl ich
Rechtsfuß bin - auf der Position linker Außenstürmer.
Aber meine >Karriere< als Fußballer geht bald zu
Ende.

***

Erste Liebe

Bei uns Jungerwachsenen ist es Gewohnheit geworden, an den Wochenenden über die Dörfer von einer Tanzveranstaltung zur anderen ziehen. Tanzen ist unsere große Leidenschaft. Es ist die hohe Zeit des Boogie-Woogie, des Blues und des Rock and Roll. Getanzt wird ausschließlich nach Livemusik. Dazu gehört natürlich auch ein entsprechendes Outfit. Als Frisur ist der Mecki oder auch Igelschnitt in Mode. Es gilt als modern zum Hemd eine Krawatte, mit Palmeninsel drauf, zu tragen. Das Markante am Anzug sind die knöchelfreien Hosenbeine. Praktisch ist, dass nun der Konfirmationsanzug, dem ich eigentlich schon entwachsen bin, noch einmal zu Ehren kommt. Die kurzen Hosenbeine sorgen dafür, dass die mehrfarbigen Ringelsocken gut zur Geltung kommen. Für die Socken gilt, je bunter desto besser. Und an den Füßen trägt man Schuhe mit dicken, möglichst mehrfarbig gestalteten Kreppsohlen. In der kalten Jahreszeit trägt man einen dreiviertel langen Mantel aus Popeline, den so genannten Trenchcoat. Komplett ist man aber erst mit einem gelben Schal.

Fast jeden Sonnabend ziehen meine gleichaltrigen Freunde und ich los. Und so sind wir wieder einmal zum Tanz im Nachbarort Ruhlsdorf, als ich >das Mädchen< sehe. Ich kann kein Auge von ihr lassen. Ich nehme allen Mut zusammen und fordere es immer wieder zum Tanz auf. Ein Gespräch kommt aber nicht in Gange.

Da ich nicht weiß, wie ich das Gespräch weiter führen soll und sie auch nicht sehr gesprächig ist, schweigen wir uns den größten Teil des Abends an. Aber es knisterte gehörig zwischen uns. Wenn wir uns in die Augen sehen, wird mir ganz heiß. Ich beginne zu schwitzen. Warum bin ich nur so gehemmt – oder so feige?

Mausi, so rufen sie ihre Freundinnen, mit denen sie zum Tanz gekommen ist. Zu ihnen gehört auch Edith, eine frühere Schulkameradin von mir. Mit den Mädchen verlässt sie dann, noch vor dem Ende der Tanzveranstaltung, das Lokal. Plötzlich ist sie nicht mehr da. Kein Abschied. Ich könnte mich selbst ohrfeigen.

Mausi geht mir nicht aus dem Sinn. Und so bin ich

hocherfreut, als Eva, eine ehemalige Mitschülerin von mir, mir Grüße von Mausi bestellt. Mausi lässt fragen, ob ich sie nach der Arbeit von ihrem Betrieb abholen würde. Mich durchläuft es heiß. Damit habe ich nun wirklich nicht gerechnet. Die zwei noch verbleibenden Tage und Nächte bis zu unserem erneuten Treffen wollen einfach nicht vergehen. Dann ist es so weit Ich nehme mir vor, locker zu sein. Pünktlich, das heißt, eine halbe Stunde vor der Zeit, stehe ich vor dem Betrieb. Ich begleite sie artig nach Hause. Etwa hundert Meter vor dem Haus ihrer Eltern bleiben wir stehen und quatschen noch eine Stunde über unsere Ausbildung und andere belanglose Dinge. Wir verabreden uns für den nächsten Tag und treffen uns dann täglich. Jeden Tag das gleiche Zeremoniell. Wenn ich sie nicht abholen kann, treffen wir uns in der Nähe des elterlichen Hauses. Zweimal treffen wir uns noch zum Tanz. Ich bringe sie jedes Mal artig nach Hause. Vor jedem Treffen mit ihr nehme ich mir vor, einen Kuss zu wagen. Wenn sie dann vor mir steht, verlässt mich der Mut. Seit vier Wochen ist es zu nicht mehr als Händchenhalten gekommen. Ich warte wieder vor ihrem Elternhaus. Vergeblich. Als ich wieder einmal vor dem Haus stehe, kommt ihr Bruder heraus und sagt mir, dass Mausi mich nicht mehr treffen möchte. Für mich bricht eine Welt zusammen. Von Eva erfahre ich, dass sie mit einem anderen Jungen aus ihrer Nachbarschaft zum Segeln fährt. Die Eltern des Jungen haben auf dem Mellensee ein Segelboot liegen. Mit meinem Fahrrad war ich da wohl chancenlos. Für mich bricht eine Welt zusammen. Ich kann es nicht fassen. Nachts heule ich heimlich in mein Kopfkissen und laufe am Tage wie in Trance umher. Edith versucht uns wieder zusammen zu bringen. Aber es änderte sich nichts. Mausi ist für mich verloren. Immer wieder stelle ich mir die Frage, ob meine Zurückhaltung schuld ist. Ich habe keine Antwort darauf. Das Leben ist für mich mit einem Mal so sinnlos geworden. Jetzt brauche ich einen Vater für ein Gespräch unter Männern. Mutter merkt wohl nichts von meinem großen Kummer. Jedenfalls ist ihr nicht anzumerken, dass sie mitbekommen hat, wie es um ihren ältesten Sohn steht. Den Gedanken, mit ihr darüber zu reden, verwerfe ich. Nur langsam finde ich wieder ins reale Leben zurück.

Die Enttäuschung bleibt. Irgendwann erwischt es wohl jeden. Mich hat es, wie ein Blitz aus heiterem Himmel, getroffen.

Am Tanzen habe ich die Lust verloren. Ich gehe auch nicht mehr mit den Freunden zu den Tanzveranstaltungen. Einige Wochen sind vergangen. Ich sehe die Mädchen jetzt mit anderen Augen. Schuld sind wahrscheinlich das Gerede der Freunde und meine wunde Seele? Von allem sicher etwas. Meine Schüchternheit ist plötzlich wie verflogen. Ich gehe wieder tanzen. Wie ein bunter Schmetterling flattere ich von Blume zu Blume. Lasse aber keines der Mädchen zu nahe an mich heran. Das hilft mir zwar Abstand zu der Enttäuschung mit Mausi zu gewinnen, vergessen kann ich sie aber nicht.

Ich bin nun sechszehn Jahre jung. Die Zeit heilt alle Wunden – sagt man. Im Spätsommer finden in den Kleingartenanlagen immer die beliebten Gartenfeste statt. Bei uns heißen sie einfach Laubenpieperfeste. Da wird nach Livemusik auf einer extra dafür gebauten Tanzfläche getanzt. Der Eintritt ist frei. Dafür werden für jeden Tanz 20 Pfennige kassiert. Bier, Wein und

Schnaps werden zum Selbstkostenpreis ausgeschenkt. Wir lassen kaum eine dieser Veranstaltungen ungenutzt verstreichen. Mädchen gab es immer in ausreichender Anzahl. Das richtige Terrain für einen Schmetterling wie mich.

Wieder mal sind wir an einem Tag im August in der sehr beliebten Kleingartenanlage >Eckbusch<, als es mich fast erwischte. Ich habe mit einem Mädchen, das mir gefällt, mehrmals getanzt, als sie einen Spaziergang vorschlägt. Es dauerte auch nicht lange und wir sind in einem der vielen dunklen Wege angelangt. Da bekomme ich meine erste richtige Lektion im Fach Küssen. Ich bin beeindruckt vom Variantenreichtum. Sie will aber mehr von mir als nur Küsse. Das begreife ich aber erst viel später. Für sie wohl viel zu spät. Sie fragte mich dann auch bald, ob ich sie nach Hause bringen möchte. Ich will. Ein gerütteltes Maß Neugierde meinerseits spielt da wohl mit. Und so ziehen wir unter Küssen und Umarmungen los. Sie drängt sich immer stürmischer an mich. Ich komme nicht auf den Gedanken, mir zu nehmen, was sie mir so freizügig anbietet.

Als ich mit meinen Freunden darüber spreche, begreife ich, was da abgelaufen ist. Wahrscheinlich bin ich noch nicht reif für die körperliche Liebe. Ich habe mein zurückhaltendes Verhalten jedenfalls so zu meinen Gunsten gewertet. So ähnlich ergeht es mir auch bei anderen Mädchen. Davon, dass es Geschlechtsverkehr auch ohne Liebe gibt, habe ich bisher noch nichts gehört. Ungeachtet dessen flattere ich weiter, wie ein Schmetterling von Blume zu Blume. Ich verdrehe den Mädchen den Kopf. Mal mit mehr, mal mit weniger Erfolg. Was mich überrascht, die späteren Frauen zweier meiner Cousins väterlicherseits, waren auch unter meinen >Opfern<. Dann kommt aber doch noch alles in die richtigen Bahnen. Denn irgendwann findet jeder Schmetterling seine Blume. Wir haben einen Feuerwehreinsatz in Woltersdorf. Ein unter Denkmalschutz stehender Pferdestall brennt. Nach den Löscharbeiten werde ich zur Brandwache eingeteilt. Der Verwalter des Hofes hat uns zum Kaffee gebeten und wir haben dankend angenommen, Da sehe ich ein Mädchen, das mir sofort gefällt. Aber keiner meiner Freunde kennt sie und hat sie jemals gesehen. Sie bleibt dann auch in der Folgezeit verschwunden.

Im Februar 1955 ist traditionell Fastnachtstanz, da sehe ich sie wieder. Nun erfahre ich auch wer sie ist. Sie heißt Mara. Ihren Vater kenne ich bereits längere Zeit ohne zu wissen, dass sie seine Tochter ist. Er ist der Leiter des >Örtlichen Landwirtschaftsbetriebes<. So nennt man die unter staatlicher Verwaltung stehenden Bauernwirtschaften, deren Eigentümer sich in den Westteil Deutschlands abgesetzt haben. Da Mara ihre Lehre in einem anderen Ort absolviert und auch dort die Woche über wohnt, haben wir uns bisher nicht wieder gesehen. Zum Tanz erscheint sie immer mit einer Freundin, die wohl als Tugendwächterin fungiert. Denn ohne sie darf Martel nicht zum Tanz. Die Freundin nimmt ihren Auftrag sehr ernst. Wir sind ihr dann aber doch einmal entwischt. Es bleibt nicht bei der üblichen Knutscherei und wir haben unser erstes körperliches Liebeserlebnis. Es ist für uns beide das erste Mal und eher enttäuschend. Dann habe ich einige Mühe ihr auszureden, dass sie nun zwangsläufig ein Kind bekommen würde. Wir treffen uns nun, so oft es sich einrichten lässt.

Wir sitzen dann stundenlang in der Veranda vor ihrer elterlichen Wohnung. In Abständen erscheint ihre Mutter und fordert Mara auf, endlich ins Haus zu kommen. Sie glaubt wohl, verhindern zu müssen, was längst geschehen ist. Als sie dann begriffen hat, wie es um uns steht, dürfen wir ins Haus und brauchen nicht mehr in der Veranda sitzen.

Es ist Februar und damit Fastnachtszeit. Fastnacht ist etwas Besonderes. Es hat eine lange Tradition und wird insbesondere auf den Dörfern gepflegt. Gefeiert wird zu allen Zeiten gern und ausgiebig. Und so gibt man sich auch nicht mit einer Fastnachtfeier zufrieden. Neben der eigentlichen Fastnacht, Männerfastnacht genannt, gibt es noch die Weiberfastnacht, die Kinderfastnacht und andere. Die Modalitäten sind in etwa folgende: In einer vorbereitenden Zusammenkunft der Interessenten werden zwei Tanzmeister bestimmt, die Gaststätte festgelegt und über die Verpflichtung einer Tanz- und Blaskapelle beraten. Der Termin steht kalendarisch fest und ist immer das Wochenende vor dem Aschermittwoch.

Am Nachmittag, zur Kaffeezeit, beginnt am

Fastnachtssonntag das Fest damit, dass sich alle teilnahmewilligen Mädchen und jungen Frauen in einer anderen Gaststätte versammeln. Die Burschen und jungen Männer treffen sich ihrerseits in der Festgaststätte und ziehen unter Führung der Tanzmeister und unter den Klängen der Blasmusikkapelle zum Treffpunkt der holden Weiblichkeit. Nach einigen Tänzen geht es gemeinsam zur Festgaststätte. Der Zug nimmt natürlich nicht den kürzesten Weg, sondern zieht durch fast alle Straßen. Unterwegs wird durch die Tanzmeister schon ein und der andere Schnaps ausgeschenkt. In der Festgaststätte angekommen, wird das Tanzbein geschwungen. Dann ist bis zum Abend Pause. Das Vieh muss versorgt werden. Damit die Musiker nicht nutzlos herumsitzen, ist für die Kinder Kindertanz. Nach dem Abendbrot geht die Feier richtig los. Es wird getanzt und auch dem Alkohol kräftig zugesprochen. Die letzten Tänzer verlassen gegen Mitternacht den Tanzboden.

Am Vormittag des Fastnachtmontags treffen sich die Burschen zum Zempern. Lustig verkleidet und mit

Tragekiepe ziehen sie mit Pauke und Trompete durchs Dorf. Überall wo junge Mädchen wohnen und in den Gaststätten, wird ein Stopp eingelegt. Es wird mit den Frauen des Hauses ein Tänzchen gedreht, ein Geschenk entgegengenommen und weiter geht der Umzug. Auch einige Gläschen werden geleert. Bei den Geschenken handelt es sich meist um Wein, Schnaps, Wurst, Eier und Schinken, aber auch Geld. Das alles wird dann beim Treffen am Aschermittwoch verzehrt. Da Woltersdorf ein recht großes Dorf ist, dauerte das Zempern auch entsprechend lange. In diesem Jahr war es besonders zeitaufwändig. Wir wollen uns nicht wieder Beschwerden einhandeln. Die gab es nämlich im Vorjahr. Da hatten wir einige Familien der Mädchen nicht besucht. So ist es in diesem Jahr ein Schnäpschen mehr geworden.

Als wir abends wieder im Tanzlokal auftauchen, kommen wir vier Cousins, Dieter, Heinz, Richard und ich überein, Onkel Günter, den Vater von Heinz, ordentlich einen auszugeben. Eine Schnapsidee im doppelten Sinne, denn getrunken wurde mit Vorliebe ein Getränk namens >Koks<. Das ist ein Weinbrand mit einem Stück Würfelzucker und drei Kaffeebohnen. Die Wirkung ist entsprechend.

Auf Grund des erhöhten Alkoholspiegels vom Zempern, dauert es auch nicht lange und ich brauche eine Auszeit. Dazu suche ich die Toilette auf. Bei meiner >Sitzung< bin ich dann wohl eingeschlafen. Als ich wieder zu mir komme, stehe ich in der Saaltür, meinen Anzug übern Arm und die Schuhe in der Hand. Ich bin sofort stocknüchtern und mache kehrt. Draußen ziehe ich meine Kleidung an und gehe flugs nach Hause. Mir ist das so peinlich. Am nächsten Tag stellt sich heraus, es hat kaum jemand registriert, weil gerade wieder eine der üblichen Keilereien im Gange war. Und eine Erklärung für mein seltsames Verhalten glaube ich auch gefunden zu haben. Im Rausch hat mir wohl mein Kleinhirn einen Streich gespielt und mir vorgegaukelt, ich bin schon zu Hause und es ist Zeit ins Bett zu gehen. Und ich habe gehandelt wie immer, wenn ich vom Tanz komme. Schuhe und Anzug ausziehen, die Treppe ins Dachgeschoss hoch und den Anzug zum Auslüften über das Geländer legen. Mutter hängt ihn dann anderentags wieder in den Kleiderschrank.

Während meines Black-outs habe ich mich ausgezogen, finde aber kein Geländer für den Anzug. So bin ich bis zur Saaltür gekommen. Das Ganze ist mir eine Lehre. Mit dem Genuss von Alkohol gehe ich künftig vorsichtiger um und meide ihn, wenn es geht. Das ist auf dem Bau nicht so einfach. Auf vielen Baustellen gilt immer noch das geflügelte Wort; >>*Ein Kalk, ein Stein, ein Bier...*<<. Eine Tradition, der ich nicht viel abgewinnen kann.

Ein neuer Frühling beginnt. Aktuell stehen große Veränderungen in meinem Leben bevor. Veränderungen, die wohl entscheidend für mein weiteres Leben sein werden. Ich vollziehe einen scharfen Schnitt. In dem ich mich entschließe, dem Drängen der Werber nachzugeben und meinen Beitrag zu leisten, zum Schutz der Heimat und der Verteidigung der Errungenschaften des Sozialismus, vor den Angriffen des Imperialismus. So ist die offizielle Lesart. Aber ich bin davon überzeugt, dass dies notwendig ist. Schließlich betreibt man im Westteil Deutschlands unverhohlen die Remilitarisierung. Ich betrachte die Deutsche Demokratische Republik als meine Heimat. Hier leben wir und haben wir unseren kulturellen Mittelpunkt. Auf die Idee, das Land zu verlassen, bin ich nie gekommen. Wenn mir etwas nicht gefällt, setzte ich mich damit auseinander. Flucht ist für mich der Weg des geringsten Widerstandes. Und anpassen, müssen sich die Menschen überall auf der Welt. Das ist meine feste Überzeugung.

***

Aeroclub - oder der scharfe Schnitt

Dass ich mich entschlossen habe Soldat zu werden, hat mehrere Gründe. Jede andere Entscheidung ist auch möglich. Es lässt sich nicht sagen, welcher letztendlich den Ausschlag für meine Entscheidung gab. Und so stellt die Reihenfolge ihrer Nennung keine Rangfolge dar.

- Vom Arzt ist mir zu einem Berufswechsel geraten worden. Ich leide sei meiner Lehrzeit an einer chronischen Angina, die mich das ganze Jahr plagt, insbesondere aber im Frühjahr und im Herbst. Regelmäßig bin ich in den Monaten März/April und Oktober/November zwei bis drei Wochen richtig krank.
- Auf dem Bau kommt auch keine rechte Freude auf. Nicht, dass ich meinen Beruf nicht gern ausübe. Die Umstände, unter denen ich arbeiten muss, gefallen mir nicht. Ich hatte es schon kurz erwähnt. Es beginnt gleich nach der Lehre. Die körperlich stark entwickelten Junggesellen finden sofort Aufnahme in einer der Brigaden. Mit den körperlich noch nicht so entwickelten Jungerwachsenen wird erst einmal eine Jugendbrigade

gebildet. Eine Jugendbrigade zu bilden, liegt im Trend. Mich bestimmt irgendjemand zum Brigadier. Arbeit hat man auch für uns >Helden der Arbeit in spe<*. Und so radeln wir jeden Morgen die 17 Kilometer nach Felgentreu, um die Pfeiler für die Maschinenhallen einer MTS zu errichten. Eine Arbeit, vor die sich jede Brigade drückt, wenn sie Geld verdienen will. Und das wollen sie mit Sicherheit alle. Kurz gesagt, wir verdienen nicht das Salz zum Brot, wie es in einem alten Sprichwort heißt. Die uns zugeteilten Arbeiter, auch Handlanger oder >Hucker<* genannt, kommen nach einer Woche nicht mehr wieder. Wir können es ihnen nicht verdenken, denn gutes Geld ist mit uns nicht zu verdienen. Notgedrungen müssen wir uns die Steine und den Mörtel selbst auf das Gerüst holen. Technik, wie zum Beispiel ein Förderband, gibt es für uns nicht. Als meine Vorsprache bei der Leitung des Betriebes zu keiner Veränderung der Lage führt, kündige ich und bewerbe mich bei der Baufirma Münnich. Es die Firma, bei der schon mein Vater gearbeitet hat und bei der mein Onkel Rudolf als Handlanger tätig ist. Leider komme ich hier vom Regen in die Traufe. Zwar verdiene ich jetzt richtig Geld, aber es gibt andere Querelen. Ständig werden Gründe für den Alkoholgenuss gesucht und auch gefunden. Die Lehrlinge erhalten vom meist angetrunkenen Kolonnenführer, wie hier der Brigadier genannt wird, Kopfnüsse oder werden herum geschubst. Auf meiner letzten Baustelle ist es am schlimmsten. Schon die Arbeitsorganisation ist abenteuerlich. Am Montag kommen nur die Kollegen zur Arbeit, die dazu Lust und Zeit haben. Einen Nebenjob oder etwas Landwirtschaft hat fast jeder Kollege. Dienstag bis Freitagmittag wird in der Regel ordentlich rangeklotzt. Das heißt aber nicht, dass Bier und Schnaps außen vor bleiben. Einen Grund fürs Trinken gibt es anscheinend immer. Wenn nicht, wird einer organisiert. Sehr beliebt ist das >Abkaufen des Schnurmauerwerks<. Dazu wird beim Mauern so ein Tempo vorgelegt, dass in der Folge die Richtschnur nicht mehr hochgesteckt werden kann. Der dafür Verantwortliche wird zu einem Kasten Bier verdonnert.

Freitags wird es immer sehr spannend. In der Mittagspause geht der Kolonnenführer mit einem

Lehrling durch den Bau und nimmt das Aufmaß für das in der Woche Geleistete. Ist das Ergebnis nach seiner Einschätzung nicht zufriedenstellend, wird bis zum regulären Feierabend weiter gearbeitet. Ich kann aufatmen. Verkündet der Kolonnenführer aber: >Männer, das Geld stimmt<, wie es intern heißt, ist Alkohol angesagt. Es wird bis zum Feierabend getrunken und gequatscht. Wer sich ausschließen will, wird drangsaliert. Als ich wegen des Schlagens der Lehrlinge und dem Alkoholgenuss während der Arbeitszeit Einwände erhebe, habe ich keine Freunde und keinen ruhigen Tag mehr. Damit nicht genug. Es fällt mir dann auch noch auf, dass bei mir, im Verhältnis zu den älteren Kollegen, weniger Leistungsgrundlohn berechnet worden ist. Als ich den Kolonnenführer darauf anspreche, meinte dieser: >>du bist wie dein Vater, der konnte auch nicht rechnen. << Was meint er wohl damit? Als ich meine Mutter frage, was das zu bedeuten hat, erzählt sie mir die Geschichte von Vaters Entlassung nach einer Beschwerde, wegen zu wenig gezahltem Lohn.

Nur wir schreiben nicht mehr das Jahr 1938. Ich setze

mich durch. Das ändert zwar meinen Lohn, aber nicht meine Lage. Ich werde regelrecht schikaniert. Auf der Suche nach einer Lösung des Problems, erinnere ich mich an den ärztlichen Rat zu einem Berufswechsel. Denn, ein erneuter Betriebswechsel bringt sicher auch nichts. Es wird, wie schon gesagt, überall nach dem schon genannten Motto, >ein Kalk- ein Stein- ein Bier<, gearbeitet. Da ich mich mit diesem Leben nicht anfreunden kann und dies auch offen kund tue, bin ich allerlei Schikane und Hinterhältigkeit ausgesetzt. Da vergisst der Kolonnenführer schon mal mir Bescheid zu sagen, dass zu einer anderen Baustelle gewechselt wird. Immer wieder ist die Luft aus der Bereifung meines Fahrrades heraus. Daran, dass ich oft zu Arbeiten eingeteilt werde, die keiner gerne machen möchte, habe ich mich schon gewöhnt. Das stört mich auch nicht besonders. Es stört aber die Kollegen, wenn ich die Arbeit ohne zu murren erledige.
Ich könnte es einfacher haben. Einfach mitmachen und die Klappe halten, Angepasst eben. In dieser Situation kann ich es aber einfach nicht. Und so mache ich der

misslichen Situation ein Ende, indem ich mich freiwillig
zum Wehrdienst melde.

***

Wie es weiter ging, ist im 2. Buch von „Angepasst" zu lesen.

Anhang - *Begriffserläuterungen:

- in alphabetischer Folge

- **Detektorempfänger** waren in den Anfangstagen des Rundfunks die einfachsten Geräte zum Empfang von Radio-Sendungen, die zum Beispiel über Kurz-, Mittel- oder Langwelle amplitudenmoduliert ausgestrahlt wurden. Sie bestanden aus nur wenigen Bauteilen und konnten ohne eigene Stromquelle arbeiten. Der gesamte Strom, der dem angeschlossenen Kopfhörer zugeleitet wurde, stammte aus der Energie der vom empfangenen Sender aufgenommenen elektromagnetischen Wellen. Bei einem Kristall-Detektor wurde so ein etwa 5 mm großer Kristall in eine metallische Halterung eingespannt, die den einen Pol der Diode bildete. Vom anderen Pol wurde eine Metallspitze einstellbar auf einen Punkt des Kristalls aufgedrückt, sodass ein Kontakt entstand. Die Bedienung des Empfängers mit einem Detektorkristall war sehr diffizil und erforderte einiges Geschick und eine ruhige Hand, da mithilfe einer Metallspitze eine geeignete Stelle auf dem Kristall gesucht werden musste, die einen Gleichrichter-Effekt aufwies.

- Der **Deutsche Volkssturm** wurde von der nationalsozialistischen Regierung durch einen

Führererlass vom 25. September 1944 einberufen, um die regulären Truppen der deutschen Wehrmacht zu verstärken. So sollten alle bislang noch nicht kämpfenden waffenfähigen Männer im Alter von 16 bis 60 Jahren den Deutschen Volkssturm bilden und eingezogen werden, um den Kernbereich des Deutschen Reiches zu verteidigen und so den deutschen „Endsieg" herbeizuführen. Nach Plänen der Regierung unter Adolf Hitler war eine Rekrutierung von sechs Millionen Männern angestrebt.

- **„du sollst nicht töten."   „du sollst nicht stehlen."** : Als fünftes und siebentes Gebot Bestandteil der 10 Gebote. Sie haben im Judentum wie im Christentum zentralen Rang für die theologische Ethik und haben die Kirchengeschichte und die Kulturgeschichte Europas und des außereuropäischen Westens mitgeprägt.

- Eine **Erkennungsmarke** ist eine teilbare Metallmarke

 mit einer eingeprägten Personenkennziffer, die von Soldaten an einer Kette um den Hals getragen wird, häufig werden auch ein Landeskennzeichen und die Blutgruppe eingeprägt. Weitere Prägungen wie Rhesusfaktor, Religion oder Impfstatus variieren von Land zu Land. Die Erkennungsmarke kann im Todesfall zur Identifizierung der sterblichen Überreste benutzt werden. Wird der Träger der Marke getötet, so kann der Finder den unteren Teil der Marke abtrennen, um später den Fund dokumentieren zu können. Der andere Teil wird bei der Leiche belassen, so dass diese später identifiziert werden kann.

- Als **Fidibus** wurde ein harzreicher Holzspan oder ein gefalteter Papierstreifen bezeichnet. Er dient als Hilfe zum Anzünden von Feuer.

- Der **Fläming** ist ein eiszeitlich gebildeter Höhenzug und gleichzeitig eine historisch gewachsene Kulturlandschaft im südwestlichen Brandenburg. Er erstreckt sich östlich von Magdeburg über mehr als 100 Kilometer bis zur Dahme. Der Fläming ist als 30 bis 50 Kilometer breiter Höhenrücken Teil des Südlichen Landrückens, der insbesondere in der Saaleeiszeit geformt wurde. Die Stadt Jüterbog gilt als Grenze zwischen dem Hohen Fläming im Westen und dem Niederen Fläming im Osten.

- Die **Gesellschaft für Sport und Technik** (GST) war eine paramilitärische Jugendorganisation in der DDR. Sie sollte offiziell vor allem der gemeinschaftlichen Freizeitgestaltung technisch und sportlich interessierter Jugendlicher dienen, die dazu erforderlichen technischen Mittel (wie Motorräder, Flugzeuge, Funkgeräte) zur Verfügung stellen und technische Sportarten und dazugehörige Sportförderung und Wettkämpfe, wie Motor- und Schießsportarten, pflegen bzw. veranstalten. Sie trug damit auch zur Militarisierung der Gesellschaft der DDR bei, indem sie die vormilitärische Ausbildung (VA) zusammen mit der Nationalen Volksarmee an Schulen, Universitäten und in den Betrieben durchführte. Sie wurde am 7. August 1952 gegründet und im Frühjahr 1990 aufgelöst.

- ... mit einem **goldenen Löffel** im Mund geboren ...
Die Redewendung bedeutet, dass jemand in einer reichen Familie aufwächst und sich nie anstrengen muss, weil er alles dem Vermögen seiner Eltern zu verdanken hat.

- **Göbbelsschnauze:** Der Volksempfänger war ein

technisch sehr einfach ausgeführtes Gerät für Mittelwelle und Langwelle, zunächst noch mit Kurz- und Langwelle bezeichnet. Er sollte nur den Empfang des Deutschlandsenders und eines weiteren Programms in ganz Deutschland ermöglichen. Die Empfangsleistung des Gerätes war aber dazu geeignet, in den Nachtstunden „Fernempfang" (Europa) zu ermöglichen. Aus diesem Grunde wurden von Reichspropagandaminister Joseph Goebbels drakonische Strafandrohungen bis hin zur Todesstrafe für das Abhören von „Feindsendern" durchgesetzt. Der Volksempfänger wurde zu einem der wichtigsten Propagandainstrumente der nationalsozialistischen

Machthaber, in dem die Reden Hitlers übertragen und nach der Wende im Zweiten Weltkrieg Verluste und Niederlagen in Siege umgedeutet und der Opferwille des deutschen Volkes beschworen wurden. Je mehr jedoch die Realität von Bombenkrieg und hohen militärischen Verlusten insbesondere an der Ostfront nicht mehr mit den Sendeinhalten konform ging, nahm jedoch auch die Beeinflussungswirkung des Mediums Rundfunk fortlaufend ab.

- **Held der Arbeit** war ein Ehrentitel, der in der DDR an Personen verliehen wurde,   - die, durch ihre besonders hervorragende, bahnbrechende Tätigkeit, insbesondere in der Industrie, der Landwirtschaft, dem Verkehr, dem Handel, durch wissenschaftliche Entdeckungen oder technische Erfindungen sich besondere Verdienste um den Aufbau und den Sieg des Sozialismus erworben haben und durch diese Tätigkeit die Volkswirtschaft und damit das Wachstum und das Ansehen der DDR förderten. Der Titel wurde seit 1950 vergeben und war mit einem Preisgeld bis zu 10.000 Mark versehen.   (- von mir im Buchtext ironisch gemeint)

- Das **Hindenburglicht** (heute Teelicht), benannt nach dem Oberkommandierenden des deutschen Heeres Paul von Hindenburg, wurde in den Schützengräben des Ersten Weltkrieges, dann aber auch im Zweiten Weltkrieg im Luftschutzkeller oder bei Stromsperre oder Verdunkelung als Notbeleuchtung eingesetzt.

- **Hucker** sind Bauarbeiter, die das auf einer Baustelle benötigte Material in großen Blechbehältern auf dem Rücken dorthin schleppen, wo es benötigt wird. Bis zu 32 Ziegelsteine fanden auf dem *Huckerstuhl* Platz. Der Mörtel wurde ebenfalls von Huckern in sogenannten *Tubben* (kannenartigen Gefäßen) auf die Baustelle transportiert. Zum Teil wird der Begriff bis heute für Handlanger auf dem genutzt.

- **Igelit** ist ein ehemals eingetragener Handelsname für Weich-PVC. In der DDR produzierten es die früheren IG-Farbenwerke VEB Elektrochemisches Kombinat Bitterfeld und die Buna-Werke Schkopau in großen Mengen. Das Material diente u. a. als Lederersatz für Schuhmaterial und Taschen, sowie für Regenmäntel („Hast du Igelit im Haus, kannst du auch bei Regen raus") und Fußbodenauslegware minderer Qualität und auch als Verpackungsmaterial. In der Nachkriegs-DDR war es vor allem als Schuhmaterial berüchtigt. Es konnte durch Abgabe von Orthotrikresylphosphat (OTKP) aus seinem Weichmacher Nervenlähmungen verursachen. Daher wurde seine Verwendung in der DDR bereits 1950 durch eine Verordnung stark eingeschränkt.

- **Kanonenofen** ist ein kleiner gusseiserner

 zylinderförmiger Ofen mit Abzug auf kleinen Füßen für die Zimmerbeheizung, wie er im 19. bis weit in das 20. Jahrhundert hinein gebräuchlich war. In diesem Zylinder befand sich der Feuerungsraum für Holz und Kohle mit dem Ascherost und dem darunter befindlichen Aschenkasten, die während des Brennvorgangs mit entsprechenden Türen verschlossen wurden. Ähnliche gusseiserne Öfen von größerem Ausmaß gab es bereits im 18. Jahrhundert. Die zylindrische Form und damit Ähnlichkeit mit Kanonen war es, welche ihm den Namen gab. Besonders stark verbreitet waren diese Öfen seit der zweiten Hälfte des 19. Jahrhunderts.

- **Karbidlampe** – Funktionsweise: In das  abschraubbare Lampenunterteil wird Kalziumkarbid eingefüllt, im Oberteil ist meist der Wassertank eingebaut. Der Wassertank ist mit einem Ventil und einer Regulierschraube versehen. Mit dieser Regulierschraube kann die Wassermenge, die auf das Karbid tropft, eingestellt werden. Kalziumkarbid bildet, wenn es mit Wasser in Berührung kommt, Acetylengas. Dieses wird aus dem Tank zur Düse aus Speckstein geleitet und einem Streichholz oder (mit, bei einigen Lampen eingebautem Feuerstein) entzündet. Acetylengas brennt sehr lichtstark. Mit ca. 50 Gramm Karbid erhält man zirka 2 Stunden gleichmäßiges Licht. Wenn der Prozess einmal in Gang gesetzt ist, lässt sich die Gasbildung schwerlich abstellen. Trotz Zudrehen der Regulierschraube brennt die Lampe noch sehr lange weiter.

- **Klütersuppe**: 1 ½ l Milch, etwas Salz und einen Teelöffel Zucker aufkochen. 200g Mehl mit wenig Salz und einem Teelöffel mischen, mit einem Ei zu einer krümeligen Masse verarbeiten und in die kochende

Milch streuen. Langsam kochen. Die Suppe schmeckt auch ohne Zucker sehr gut.

- **Machorka** ist eine russische Tabaksorte aus dem wilden Tabak Nicotiana rustica (auch "Bauerntabak"), der einst von Indianern im östlichen Nordamerika kultiviert wurde und heute fast nur noch in Polen und Russland angebaut wird. Machorka wird üblicherweise nur in Form als Zigarette verwendet, und zwar selbst gedreht. Die bei russischen Soldaten weitverbreitete Machorka-Zigarette hat inzwischen zumindest außerhalb des Landes auch eine Symbolfunktion für die sowjetische Periode der russischen Geschichte eingenommen. In der sowjetischen Kriegsgefangenschaft wurde Machorka gelegentlich im Rahmen der Verpflegungszuteilungen ausgegeben. Auf Grund der Tatsache, dass in dem klein gehackten Tabak damals auch Blattrippen und Holz verarbeitet worden waren, bezeichneten die Frontsoldaten den Machorka auch als Stalinhäcksel. Eingefügt aus <http://de.wikipedia.org/wiki/Machorka>

- Die **Maschinen-Traktoren-Stationen** (MTS) waren in sozialistischen Ländern Einrichtungen, in denen die Bauern landwirtschaftliche Maschinen und Traktoren zur Nutzung ausleihen konnten. Sie entstanden erstmals in Sowjetrussland ab 1920. In der DDR entstanden sie nach der Bodenreform, um den Maschinenpark der aufgelösten Güter zu verwalten und zu warten. Die Maschinen und Traktoren wurden kein Eigentum der Bauern, sondern blieben in der Hand des sozialistischen Staates. Die MTS galt als Stützpunkte der Arbeiterklasse auf dem Lande. Seit Anfang der 1960er Jahre erfolgte systematisch eine Übergabe der Landmaschinen an die LPGs. Die MTS wurde 1964 in Kreisbetriebe für Landtechnik (KfL) umbenannt und ihre Aufgabe auf reine Reparaturaufgaben reduziert.

- **Mein Kampf** ist das politische Grundlagenwerk Adolf Hitlers, in dem er vor dem Hintergrund seiner Autobiografie die Grundzüge seiner weltanschaulichen Überzeugung und seines Programms entwirft.

- **Panje-Pferd**: Zuchtgebiet Polen, Osteuropa,

 Stockmaß zwischen 130 und 148 cm, unübertroffen an robuster Härte und Leistungsfähigkeit, dazu gesund, fruchtbar, genügsam und anspruchslos in Haltung und Pflege.

- Eine **Phimose** oder **Vorhautverengung** ist eine Verengung der Öffnung der Vorhaut des Penis. Dadurch lässt sich die Vorhaut nicht oder nur mit Schmerzen hinter die Eichel zurückziehen. Sie ist eine natürliche Verklebung der Vorhaut mit der Eichel und kommt entwicklungsbedingt bei etwa 96 % der neugeborenen Jungen vor.

- **PKW-Tempo** (Dreirad)

- **Plumpsklo** ist der umgangssprachliche Begriff für eine Toilette ohne Wasserspülung, eben ein Trockenklo. Der Kot samt Urin fällt in einen Kasten, wird mit Torf abgedeckt und verbleibt dort, bis der Kasten gefüllt ist und sein Inhalt entsorgt wird. In Orten ohne Abwasserentsorgung waren Plumpsklos früher weit verbreitet.

- **Reichsmark**: Die Reichsmark (Abkürzung RM) war von 1924 bis 1948 offizielles Zahlungsmittel im Deutschen Reich, in der Weimarer Republik und in der Nachkriegszeit.

- Die deutsche **Sütterlinschrift** wurde ab 1915 in Preußen eingeführt. Sie begann in den 1920er Jahren die deutsche Kurrentschrift abzulösen und wurde 1935 (in einer leicht abgewandelten Form) Teil des offiziellen Lehrplans. In der Folge des Schrifterlasses wurde allerdings auch sie mit einem Rundschreiben vom 1. September 1941 verboten, nachdem bereits mit Rundschreiben von Martin Bormann (Kanzleichef der NSDAP) vom 3. Januar 1941 die Verwendung gebrochener Druckschriften (Frakturtypen) untersagt wurde. Nach dem Zweiten Weltkrieg wurde die deutsche Schreibschrift teilweise bis in die 1970er Jahre an westdeutschen Schulen gelehrt. Mit dem Verbot der deutschen Schrift wurde ab 1941 nur noch die lateinische Schrift als Ausgangsschrift an den Schulen gelehrt.

- Der Ausdruck **Volk ohne Raum** ist eine Wortprägung aus dem Romantitel Volk ohne Raum von Hans Grimm aus dem Jahre 1926 und bezeichnet zusammengefasst das Expansionsstreben eines Volkes. Der Begriff diente als antisemitisches Konstrukt zur Denunzierung der „bodenlosen" Juden, die als kosmopolitisches „Volk ohne Raum" und „Heimat" bezeichnet und angegriffen wurden.

Der Nationalsozialismus machte sich dieses Schlagwort zu Eigen, um den deutschen Eroberungsfeldzug im Osten zu begründen. Der Bevölkerungsdruck sei durch die Eroberung von Raum im Osten aus dem dicht besiedelten Deutschland abzuleiten. Dabei plante man die Ausrottung der Intelligenz in den eroberten Gebieten und die Versklavung der übriggebliebenen

Bevölkerung. Nach Himmlers Vorstellung sollte Deutschland seine Grenze in 20 Jahren um 500 km nach Osten ausdehnen. Die Idee, Lebensraum im Osten zu gewinnen, war übrigens nicht neu. Schon im Ersten Weltkrieg hatten deutsche Truppen nach dem Sieg über Russland weite Teile des Landes besetzt mit dem Ziel, dort ein „ostgermanisches Reich" zu begründen. Damals dachte man allerdings nicht an Ausrottung und Versklavung sondern „nur" an wirtschaftliche Ausbeutung.

- Die **Waffen-SS** war ab 1939 die Bezeichnung für die schon früher gegründeten militärischen Verbände der nationalsozialistischen Parteitruppe SS. Seit Mitte 1940 war sie organisatorisch eigenständig und unterstand dem direkten Oberbefehl des Reichsführers SS Heinrich Himmler. Ihr gehörten sowohl Kampfverbände als auch die Wachmannschaften der Konzentrationslager an.

***